101 ADÁGIOS

Coleção ELOS

Equipe de realização:
Tradução Newton Cunha
Coordenação de edição Luiz Henrique Soares e Elen Durando
Preparação Gessé Marques Jr.
Revisão Luiz Henrique Soares
Produção Ricardo W. Neves e Sergio Kon.

ERASMO DE ROTERDÃ

101 ADÁGIOS

SELEÇÃO, TRADUÇÃO, APRESENTAÇÃO E NOTAS
NEWTON CUNHA

© Editora Perspectiva Ltda.
© Newton Cunha, 2024.

cip-Brasil. Catalogação na Publicação
Sindicato Nacional dos Editores de Livros, rj

E55c
    Erasmo, Desiderius, m. 1536
    101 adágios / Erasmo de Roterdã ; seleção, tradução, apresentação e notas Newton Cunha. - 1. ed. - São Paulo : Perspectiva, 2024.
    144 p. ; 18 cm. (Elos ; 68)

    Tradução de: Adagiorum chiliades tres : ac centuriae fere totidem
    isbn 978-65-5505-189-6

    1. Filosofia. 2. Aforismos e apotegmas - Primeiras obras até 1800. I. Cunha, Newton. II. Título. III. Série.

24-88959   CDD: 140
                 CDU: 1:82-84

Gabriela Faray Ferreira Lopes - Bibliotecária - crb-7/6643
22/03/2024   27/03/2024

Direitos reservados em língua portuguesa à

EDITORA PERSPECTIVA LTDA.

Al. Santos, 1909 cj. 22
01419-100 São Paulo sp Brasil
Tel.: (11) 3885-8388
www.editoraperspectiva.com.br
2024

SUMÁRIO

Apresentação – *Newton Cunha*. 13
Notícia Sobre Erasmo. 15

Carta Prefacial à Edição de 1526, em 17 de Janeiro,
Basileia 21

O Que É a Parêmia – Introdução do Autor
à Sua Obra "Adágios" (Excerto Inicial) 25

101 ADÁGIOS
I	Exigir Tributo de um Morto.	29
II	Não Saltes a Balança.	33
III	As Montanhas Dão à Luz, e Delas Nascerá um Ridículo Rato	34
IV	Seguir Coisas Que Voam	35
V	De Corvos Maus, Ovos Ruins.	35

VI	O Asno Escuta a Lira	38
VII	O Homem É o Deus do Homem	39
VIII	O Homem É o Lobo do Homem	42
IX	O Tordo Caga Seu Próprio Mal	43
X	Deve-se Prover a Situação Presente	43
XI	Não Provar do Que Possui a Cauda Negra	44
XII	Não Oferecer a Mão a Qualquer Um	45
XIII	Não Golpear o Fogo Com a Espada	45
XIV	Não Caminhes Por Via Pública	46
XV	Não Falar Contra o Sol	46
XVI	Ninguém Comanda Bem se Não Foi Comandado	47
XVII	Os Jardins de Adônis	48
XVIII	Gente de Sal e de Fava	49
XIX	Desatar o Nó	51
XX	Nó de Hércules	52
XXI	Quem Diz o Que Quer, Escutará o Que Não Quer	53
XXII	O Estúpido Aprende Com os Fatos	55
XXIII	O Porco Ensina Minerva	56
XXIV	Conserva a Mente do Polvo	58
XXV	Muitos São os Ouvidos e os Olhos do Rei	61
XXVI	Quantos São os Homens, Tantas São as Opiniões	62
XXVII	Todas [as Ações] Obedecem ao Dinheiro	63
XXVIII	Simples é a Palavra da Verdade	65
XXIX	Não é Dado a Todos Aportar em Corinto	66
XXX	Nem o Nado Nem as Letras	69
XXXI	Muita Coisa Acontece Entre o Cálice e a Ponta dos Lábios	70

XXXII	Um Só Homem É Homem Algum	72
XXXIII	Um Asno em Meio aos Símios (Ou Abelhas)	72
XXXIV	Sapateiro, Não Julgues Além da Sandália........	73
XXXV	Não É Sábio Quem Não É Sábio Para Si Mesmo.....	74
XXXVI	Moves o Que Não Deve Ser Movido	75
XXXVII	Estar Sentado em Duas Cadeiras	76
XXXVIII	Nem Todos Que Possuem uma Cítara são Citaristas	77
XXXIX	A Ira Envelhece Tardiamente	77
XL	No Vinho, a Verdade.........................	78
XLI	O Bípede Mais Inepto.........................	81
XLII	A Mudança Está em Todas as Coisas	81
XLIII	Alguém Digno de Se Jogar às Escuras...........	83
XLIV	Numa das Mãos, Carrega Pedra; na Outra, Mostra o Pão..	84
XLV	Duas Vezes Dá Quem Dá Prontamente	85
XLVI	Uma Águia Entre as Nuvens...................	86
XLVII	Pelo Fruto Reconheço a Árvore.................	86
XLVIII	Uma Fome Saguntina.........................	87
XLIX	O Supremo Direito É a Suprema Injustiça........	88
L	Conversas Deturpadas Corrompem os Bons Costumes	89
LI	Pedetentim.................................	91
LII	Ave Rara....................................	91
LIII	O Asno Que Carrega os Mistérios	92
LIV	O Canto das Andorinhas	93
LV	Levar Luz ao Sol	93
LVI	Não Devores Teu Coração	94
LVII	Também o Canalha Encontra Por Sorte a Presa.....	95

LVIII	Coisas Boas, Como Disse Cillico.	95
LIX	Os Preguiçosos Estão Sempre em Férias	96
LX	Não [Oferecer] Palavras em Lugar de Farinha.	98
LXI	Estranho às Musas	98
LXII	Não Jogar Alimento no Urinol	99
LXIII	Ajuda Aquele Que Ergue o Peso, de Modo Algum a Quem o Depõe.	100
LXIV	Assentado Sobre Duas Âncoras	100
LXV	É o Ano Que Produz a Colheita, Não o Campo	101
LXVI	Navegar no Porto	102
LXVII	É Mais Profunda a Pegada do Boi Cansado	103
LXVIII	Nascido na Quarta Lua	104
LXIX	Que o Artífice Carregue as Correntes Que Fez	104
LXX	Mais Versátil do Que um Coturno	105
LXXI	Acreditar Antes nos Olhos do Que nos Ouvidos	106
LXXII	A Troca Entre Glauco e Diomedes	107
LXXIII	Mestres Mudos	109
LXXIV	O Oleiro Inveja o Oleiro, o Artesão Inveja o Artesão .	110
LXXV	É Melhor Remediar no Início do Que no Fim.	112
LXXVI	Estar Face a um Trívio	112
LXXVII	Duas Vezes, e Mesmo Três, o Que É Belo	113
LXXVIII	O Canto do Cisne	114
LXXIX	Que Logo Te Faças Velho, Se Queres uma Longa Velhice.	115
LXXX	Tanto São os Homens, Tantas as Sentenças.	116
LXXXI	Alegrar-se no Imo	117
LXXXII	Que Suportes e Não Culpes o Que Evitar Não Podes	118

LXXXIII	As Fontes dos Rios Sagrados Correm Para o Alto .	119
LXXXIV	Observa o Fim da Vida......................	120
LXXXV	Pontapés Contra o Aguilhão	121
LXXXVI	Discutir Sobre Fumaça	122
LXXXVII	Herança Sem Cerimônia (Sagrada)	123
LXXXVIII	Entre Brumas, Trevas e Sonho.................	124
LXXXIX	Branquear o Marfim Com Tinta	125
XC	Misturar Céu e Mar.........................	125
XCI	Um Homem Para Todas as Estações	126
XCII	Tudo Obedece ao Dinheiro	127
XCIII	Simples É a Palavra da Verdade	129
XCIV	Escreves na Água	130
XCV	Um Só Homem É Homem Nenhum	131
XCVI	Nada Conforme a Lira	131
XCVII	Assinalar Com Giz, Assinalar Com Carvão	132
XCVIII	O Riso de Mégara	134
XCIX	Satisfazer Momo	134
C	Mesmo o Hortelão Diz Coisas Muito Oportunas	136
CI	A Fronte Precede a Nuca	137

APRESENTAÇÃO

Os adágios recolhidos por Erasmo de Roterdã durante cerca de 36 anos (considerando-se a primeira edição em 1500 e a última em 1536) e escritos em latim, constituem uma excepcional antologia do saber ocidental *sub specie proverbii* até esta última data. A coletânea abrange exatamente 4.151 parêmias ou máximas, extraídas de quase todos os autores e obras da antiguidade e da Idade Média, começando em Homero e passando por poetas, dramaturgos, filósofos, teólogos, filólogos e muitos outros escritores de um vasto período da cultura ocidental. Entre tantos, Hesíodo, Platão, Aristóteles, Eurípedes, Sófocles, Plauto, Cícero, Horácio, Terêncio, Plutarco, Ateneu, Luciano de Samósata, Jerônimo e Agostinho. Portanto, essa é uma pequena amostra de uma obra que serviu de livro de cabeceira aos intelectuais e artistas do Renascimento.

Diferentemente dos mais recentes livros de "autoajuda", que proliferaram em finais do século xx e inícios do xxi, pretendendo convencer seus leitores por conselhos óbvios ou desgraciosamente explícitos, além de recomendar atitudes pretensamente redentoristas, os adágios recolhidos e comentados de Erasmo nos sugerem, pela graça das metáforas e a sinuosidade das asserções, uma reflexão serena e talentosa sobre o agir humano. Ou nos fazem afrontar os erros e defeitos renovadamente cometidos pelas sucessivas gerações, seja por ignorância ou imprevidência, seja por consciente má-fé, ou nos apontam os bons exemplos de conduta que o tempo e a razão consolidaram entre os homens. As ferramentas utilizadas são ora a ironia, como na máxima "muitos são os ouvidos e olhos do rei", ora o bom senso, como no antiquíssimo ditado "a fronte precede a nuca", a indicar que devemos julgar ou atuar pessoalmente em assuntos que nos dizem particular respeito.

Utilizamos para a versão brasileira o magnífico trabalho de compilação dos textos latinos de Erasmo realizado pelo Groupe Renaissance Âge Classique da Universidade Lumière de Lyon 2. A numeração original dos *Adágios* aparece entre colchetes. Julgamos que traduzir e publicar 4.151 adágios "clássicos" nos dias de hoje (empreendimento que poderia preencher, facilmente, 4.500 páginas de um livro), quando a leitura dos textos humanistas encontra-se quase que completamente desvalorizada em favor das puerilidades e parvoíces cotidianas das redes sociais, seria inviável, não apenas pela escassez de público, quanto pelos custos exorbitantes que isso iria exigir. Por tais motivos, resolvemos trazer ao público de língua portuguesa uma seleção inédita de 101 provérbios, capaz de descortinar parte de um cenário muitíssimo mais rico, literária e filosoficamente falando, e de mostrar que devemos aos mais antigos modos racionais e cultivados de pensar o mundo e de entender nossos comportamentos, que, sob variados aspectos, continuam os mesmos, *mutadis mutandis* (como estupros e assédios morais), e, sob várias circunstâncias, ainda piores (pensemos nos genocídios e em reiterados atos terroristas).

N. Cunha

NOTÍCIA SOBRE ERASMO

Desidério Erasmo de Roterdã ou, originalmente, Herasmus Gerritszoon, latinizado para Desiderius Erasmus Roterodamus (1466[67]-1536), teólogo, filólogo e escritor, por vezes considerado um filósofo, já que em seus escritos refletiu, ainda que não de forma conceitualmente estruturada, sobre assuntos que convidam à investigação filosófica, como, por exemplo, a influência da natureza contraposta à cultura, a relação entre a palavra e a coisa denotada, a forma ideal de governo, a natureza da fé, a moral e o conhecimento racional. Suas obras tiveram ampla circulação na Europa no início do século XVI e sua influência foi profunda. Padre de formação, seu texto teológico principal foi o *Enchiridon militis christiani* (1504; *Manual do Cristão Militante*), mas a igreja de seu tempo, apegada aos costumes medievais, não correspondia ao seu "humanismo cristão", ou seja, uma filosofia de vida que combina o pensamento cristão com as tradições clássicas da filosofia e da literatura greco-latinas. Era adepto da crença humanista na capacidade de autoaperfeiçoamento de um indivíduo e no papel fundamental da educação (*paideia*) para elevar o ser humano acima do nível meramente animal. Erasmo defendia uma reforma eclesiástica que livrasse a Igreja do que ele via como superstição popular e autoritarismo. A *docta pietas*, o douto sentimento religioso, está no cerne das propostas de Erasmo para a educação. Ele defendia a volta às fontes na pesquisa bíblica e, portanto, o estudo do hebraico, do grego antigo e do latim. Sua edição do Novo Testamento diretamente do original grego, substancialmente anotada, demonstra seu domínio das fontes e do processo de transmissão textual. Um detalhe dessa tradução é seu pouco interesse no *Apocalipse*, tão popular entre seus contemporâneos, principalmente os adeptos da Reforma.

Erasmo defendeu incansavelmente o consenso, a cooperação pacífica em prol do bem comum, e foi o que aconselhou sem sucesso aos que criticavam a Igreja e exigiam mudanças. Considerado um precursor da Reforma por seus contemporâneos, rompeu com Martinho Lutero por causa do sectarismo do frei alemão. Os dois discordaram sobre a heurística bíblica e se envolveram em uma polêmica sobre o livre-arbítrio. Erasmo tomou uma posição cética em relação às afirmações de Lutero. Ao contrário do reformador, não acreditava no caráter explícito das Escrituras e usava o consenso e a tradição como critérios para resolver questões que não permitiriam uma conclusão diretamente racional. Todavia, Erasmo raramente se aventurou em questões doutrinárias, favorecendo a simples fé e a devoção em detrimento da dialética e da especulação escolásticas. A circulação das obras de Erasmo foi temporariamente cerceada quando a Igreja Católica as colocou no Índice dos Livros Proibidos, mas suas ideias foram revividas durante o Iluminismo quando passou a ser considerado um precursor do racionalismo filosófico. Uma de suas mais famosas obras, *O Elogio da Loucura*, continua a ser impressa até os dias atuais, distinção compartilhada por poucos livros do século XVI.

Nascido em 27 de outubro de 1466 ou 1469, Erasmo era filho ilegítimo de pais que não eram legalmente casados, uma vez que seu pai, Gerard, era um padre católico e sua mãe, Margaretha Rogerius, provavelmente uma viúva. Apesar dessa condição estigmatizante, ele e seu irmão Peter cresceram em um lar afetuoso e receberam a melhor educação disponível, até que ambos os pais morreram na epidemia de peste bubônica de 1483.

Orfãos e empobrecidos, ele e seu meio irmão mais velho foram acolhidos por uma viúva, Berthe de Heyden, em 1484, antes de serem forçados pelas circunstâncias a seguir a vida monástica. Foram anos difíceis em que Erasmo foi sucessivamente cônego, escriturário, padre, estudante universitário falido e adoentado, aspirante a poeta e finalmente tutor. Ordenou-se padre em 1492.

Por essa época escreveu sua primeira obra, *De contemptu mundi* (Do Desprezo do Mundo) só publicada tardiamente, em 1521, um elogio à vida monástica, ou seja, à reclusão e à retirada do mundo, lamentando o declínio do monaquismo, apesar de pouco depois confessar ser uma pessoa inadequada à vida reclusa, preferindo a convivência e os debates universitários. Em 1495, viu uma chance de realizar seu objetivo quando o bispo Hendrik de Bergen o enviou ao rigoroso Collège de Montaigu, em Paris, e lhe prometeu apoio financeiro, o que não ocorreu, forçando-o a deixar o colégio e se sustentar com o ensino particular de jovens abastados. Essa experiência produziu uma série de manuais e auxílios educacionais, entre eles a primeira edição dos *Adagia* (Adágios); *De [utraque verborum ac rerum] copia* (Da Abundância [de Palavras e Coisas]), um manual de estilo (1502); *Colloquia* (Conversas), uma coleção de diálogos destinados a ensinar o latim (1518); e *De epistolis conscribendis* (Da Escrita Epistolar), um manual de escrita de cartas (1522). Todas essas obras e as posteriores que produziu tiveram múltiplas edições, algumas delas ampliadas e com propósitos mais abrangentes, o que lhe permitiu viver exclusivamente de direitos autorais, tendo recusado todas as prerrogativas e emolumentos acadêmicos que lhe foram oferecidos ao longo de sua carreira professoral, em nome da liberdade de pensamento ou da independência intelectual. Aceitou apenas um salário, pago de maneira intermitente, o de conselheiro de Carlos v, monarca do Sacro Império Romano-Germânico.

Em 1499, Erasmo acompanhou um de seus alunos, William Blount, lorde Mountjoy, à Inglaterra. Ali, em Oxford, conheceu importantes humanistas, entre os quais William Grocyn e Thomas Linacre, que o inspiraram a retomar o estudo do grego, e John Colet, que o atraiu para os estudos bíblicos. Travou amizade igualmente com Thomas More, mais tarde lorde chanceler da Inglaterra, com quem colaborou em traduções de Luciano de Samósata, e encontrou um patrono em William Warham, arcebispo de Cantuária.

Durante as duas décadas seguintes, Erasmo viajou muito, principalmente para a França, a Inglaterra e a Itália, onde obteve o doutorado em teologia na Universidade de Turim. Em 1517 ele finalmente se estabeleceu em Leuven. Por essa época, já havia construído sua reputação de escritor e de pensador em grande parte da Europa, após ter publicado algumas obras exitosas: o devocional *Enchiridion militis christiani* (Manual do Soldado Cristão, 1503), a sátira *Encomium moriae* (O Elogio da Loucura, 1511), novas edições dos *Adagia*, continuamente enriquecidos ou ampliados. Em 1516, publicara a grande tradução do *Novo Testamento* grego, o primeiro a chegar ao mercado, antecipando-se à *Bíblia Poliglota Complutense*, ideia do cardeal espanhol Cisneiros, que já estava impresso, mas ainda aguardando o *imprimatur papal*. Erasmo obteve do imperador Maximiliano e do papa Leão x o privilégio de publicação exclusiva por quatro anos. Esse texto tornou-se o *textus receptus* e suas edições posteriores foram a base para o *Novo Testamento* da versão do rei Jaime 1 (conhecida como *King James*).

Erasmo obteve sucesso em literatura, educação, religião e teologia. Em um catálogo de 1523, ele organizou seus escritos sob nove tópicos: 1. obras que promovem as artes da linguagem, ou seja, escritos literários e educacionais; 2. sua coleção de adágios; 3. correspondências; 4. obras que promovem a educação moral (ele observou que seu conteúdo se sobrepunha às obras da primeira categoria); 5. obras que promovem a piedade, o sentimento religioso; 6. a edição anotada do *Novo Testamento*; 7. paráfrases sobre o *Novo Testamento*; 8. discussões teológicas; e 9. traduções de obras patrísticas.

Erasmo faleceu na Basileia, Suíça, em 12 de julho de 1536, não ficando claro se chegou a receber a extrema-unção. Certo é que ele permaneceu fiel à Igreja Católica até o fim, apesar das controvérsias que sua obra e suas ideias causaram no interior da instituição.

ERASMI ROTERODAMI ADAGIORVM
CHILIADES TRES, AC CENTV-
RIAE FERE TOTIDEM.

ALD. STVDIOSIS. S.

Quid nihil aliud cupio, q̃ prodesse uobis Studiosi. Cum ueniset in manus meas Erasmi Roteroda-
mi, hominis undecunq; doctiss. hoc adagiorũ opus eruditum. uanum. plenũ bonæ frugis,
& quod possit uel cum ipsa antiquitate certare, intermissis antiquis autorib. quos pa-
raueram excudendos, illud curauimus imprimendum, ratí profuturum uobis
& multitudine ipsa adagiorũ, quæ ex plutimis autorib. tam latinis, quàm
græcis studiose collegit summis certe laborib. summis uigiliis, &
multis locis apud utriusq; linguæ autores obiter uel cortectis
acute, uel expositis erudite. Docet præterea quot modis
ex hisce adagiis capere utilitatem liceat, puta quẽ-
admodum ad uarios usus accõmodati pos-
sint. Adde, qđ circiter decẽ millia uer-
suum ex Homero. Euripide, & cæ
teris Græcis eodẽ metro in
hoc opere fideliter, &
docte tralata ha
bétur, præ
ter plu
rima
ex Pla
tone, De-
mosthene, & id
genus ali
is. An
autem uerus sim,
ἰδοὺ ῥόδος, ἰδοὺ καὶ τὸ πήδημα·
Nam, quod dicitur, αὐτὸς αὐτὸν αὐλεῖ·

AL   DVS

Præponitur hisce adagiis duplex index Alter secundum litteras
alphabeti nostri-nam quæ græci sunt, latina quoq;
habentur, Alter per capita rerum.

Liber Erlic Sñ leonardi in basilea Ordinis Canonicorũ Regularium

*Folha de rosto dos Adágios de Erasmo,
publicado por Aldo Manúcio, em Veneza, 1508.*

CARTA PREFACIAL
À EDIÇÃO DE 1526,
EM 17 DE JANEIRO, BASILEIA

Erasmo de Roterdã Oferece Suas Saudações
a Todos os Estudiosos.

Começava a me envergonhar, excelente leitor, de todas as vezes que esta obra renasceu e pensei que as queixas dos que me censuravam por esgotar os cofres dos estudiosos neste tipo de edições eram, de certa forma, corretas. Parecia haver perdido o justo empenho em virtude do reiterado assunto de trabalho, quando eis que um afortunado evento nos mostrou qual coisa poderia induzir-nos a um erro futuro.

Percebemos que, estranhamente, nos faltam os números dos livros e capítulos das obras citadas, e também as letras com que os gregos indicam os livros homéricos. A esse respeito, caí em erro com muita facilidade, talvez por cansaço: é que indico os números com as letras, mas algumas letras gregas, quanto à forma, são semelhantes às latinas, embora sejam diferentes no som. Por exemplo, o *rho* grego parece o *p* latino, e o *x* latino não difere do ξ (*chy*) grego. Esse gênero de erro não se descobre facilmente, mesmo por parte de um corretor escrupuloso e nem por parte do próprio autor da obra. De outro lado, quando uma obra assim colossal é composta quase toda com base em registro de fontes, livros, capítulos, quem poderia ser tão afortunado pela memória para encontrar imediatamente um número errado, ou quem tão paciente e resistente ao cansaço para examinar as citações diretamente nas fontes? Sobretudo quando, e em muitos casos, por uma só letra mal indicada precisaria repercorrer toda a *Ilíada* ou a *Odisseia* de Homero? E, no entanto, também deveríamos ter suportado essa tarefa penosa se não tivéssemos preferido enganar ou atormentar o leitor em tantas passagens.

O trabalho estava quase na metade antes que essa preocupação nos tocasse seriamente. Mas se algo nos escapou nas páginas anteriores, fizemos uma nota separada; mesmo que algo nos houvesse escapado ou aos corretores do trabalho: muito poucas coisas, na verdade. Se em algum momento um caractere impresso estivesse invertido, ou saltado, ou ilegível, pois eram muito raros e não incomodavam o leitor culto, não parecia valer a pena anotá-lo à margem.

Além disso, reunimos uma quantidade não medíocre de provérbios; não para que o volume fosse carregado de digressões inúteis, mas para que se tornasse mais robusto em lemas indispensáveis. Mas, já que nesse campo não há prazo na correção e no enriquecimento, se me for concedida uma vida mais longa, se encontrar algo nas novas fontes e dia após dia voltar a ver a luz a obra não será contaminada, sendo-lhe sim acrescida uma grata corônide. Assim, o leitor não será sobrecarregado pela despesa nem será privado de qualquer fruto de meus trabalhos. Que se Deus me raptar desta terra, eu suplico aos pósteros que conservem intactas estas páginas que com tão grande trabalho realizamos; e se eles encontrarem outro trabalho diferente ou melhor do que este que lhes deixamos, não façam com o trabalho dos outros o que agora vemos acontecer com frequência nos léxicos e o que uma vez aconteceu nas coletas de decretos e decisões teológicas; ou seja, que o último a contaminar o trabalho dos outros receba os elogios que esperam todos os demais; e publique outro trabalho com seu próprio nome, caso deseje, ou, se tiver algo a corrigir ou explicar, siga nosso exemplo – faça-o com um apêndice.

Não escrevo isso porque me preocupe tanto com a glória da obra ou do título, mas pelo fato de que até os nossos estudos tenham os seus próprios malfeitores. Esses, quanto mais são incultos, tanto mais desastradamente metem as mãos nas obras alheias; assim que, sob tal ponto de vista não há de se temer a dispersão autoral, mas a deformação e a utilidade pública dos estudos. Grandes danos já recaíram sobre as melhores disciplinas pela superficialidade e a negligência de tais gêneros, e em outros escritos os deploramos e experimentamos suficientemente. Uma ação nos tribunais se intenta contra aquele que comete delito por dano ou ofensa recebida. Mas são dignos de censura pública aqueles que trabalham contra os bens comuns, como os que sujam as fontes públicas, os que desviam os cursos d'água ou estragam as vias públicas[1]. Pois não só a todos os bens públicos, que eram chamados "sagrados" pelos antigos, deve-se uma certa observância religiosa, já que violar um deles é considerado algo detestável, assim como, e sobretudo, aos livros feitos com esforço para o benefício público dos estudiosos, onde quer que o mundo se estenda. De fato, possuem um certo sentido religioso peculiar cuja violação é ofensa que não se estende a uma única cidade, mas a todo o mundo. Portanto, quanto mais execráveis são aqueles que, por mísero ganho, corrompem e sujam as obras dos escritores, mais elogios devem ser feitos àqueles impressores que, com grande despesa e empenho, pretendem publicar os melhores autores da forma mais correta possível. O favor

---

1 Os danos aos bens públicos são, modernamente e no Brasil, bem mais numerosos e contundentes. Entre outros adágios, cabe aqui o bíblico "nada de novo sob o sol".

de todo o mundo também sorri, mas nunca maliciosamente, para a estamparia de Aldo[2], que, além de tantos excelentes escritores editados, acaba de publicar todos os livros de Galeno, em grego. Giovanni Frobenius, empreendendo a mesma via na Alemanha, se não com idêntico sucesso, seguramente com a mesma paixão, segue-o de perto com o mesmo empenho. Mas devemos abordar a cultura com um sentido mais religioso precisamente pelo fato de aqui e ali surgirem personagens que, embora com um espírito diferente, mas com igual efeito ruinoso, procuram destruí-la radicalmente. Tal como os inimigos do tempo, que, face a esse gênero de estudos, "travam uma guerra implacável", professam como novos dogmas que todo o tumulto do mundo é causado por línguas e cultura demasiado refinadas. A outra facção rebate proclamando que todas as disciplinas humanas devem ceder ao Evangelho. Como se o céu realmente quisesse que a piedade evangélica florescesse dessa forma, que na sua luz brilhante se desbotassem as lanternas das disciplinas humanas! Agora vejo as disciplinas a envelhecer, mas não vejo o poder da piedade suceder-lhes. Não encontro nos títulos das obras nem graça nem paz e, de resto, sequer nos costumes. Quanto melhor teria sido nos esforçarmos, pondo de lado a fúria das discórdias, primeiro para nos unirmos à concórdia cristã, e depois para reconciliar o conhecimento das línguas e a frequentação das literaturas mais elegantes, as antigas servas, com a teologia, rainha dos estudos.

Estai bem, leitor, e fazei bom uso deste livro.

---

[2] Aldo Pio Manuzio, um dos mais prolíficos tipógrafos da época, considerado o primeiro "designer gráfico" da história.

O QUE É A PARÊMIA
INTRODUÇÃO DO AUTOR À SUA OBRA **ADÁGIOS** (EXCERTO INICIAL)

Parêmia, segundo a definição de Donato[1], é um "provérbio apropriado a fatos e ocasiões do tempo". Diomede, de sua parte, a define deste modo: "parêmia é o emprego popular de um provérbio, apropriado às circunstâncias e às ocasiões do tempo, que exprime um significado diverso daquele dito ou expresso". Conforme escritores gregos, várias são as suas definições. Por não poucos, é assim definida: "o provérbio é uma sentença racional que se emprega na condução da vida cotidiana, tendo em si grande utilidade, expressa com alguma obscuridade". Por outros, é definida deste modo: "Parêmia é uma sentença que encobre aquilo que é claro com aquilo que não o é.

"Não ignoro existir bem mais definições de parêmia, seja entre os latinos, seja entre os gregos, mas considero que me reportar a todas não seria oportuno, não só porque nesta obra me propus sobretudo seguir, até onde for possível, aquela brevidade que Horácio requer de um mestre, mas também porque todos sempre cantam a mesma canção e retornam

---

1 Elio Donato, gramático romano do século. v, e também professor de retórica (são Jerônimo foi seu aluno), autor da famosa *Ars grammatica*.

ao mesmo ponto; e, principalmente, que entre todas aquelas numerosas definições não se encontra uma que enfeixe tão bem a função e a natureza do provérbio que não seja, ao menos em parte, redundante ou imperfeita.

Parece, portanto, que Donato e Diomedes, para não interpelar outras fontes, buscam em toda parêmia uma roupagem formal para fazê-la um tipo de alegoria. Assim, põem em evidência o *gnomikón*, isto é, a "sentença moral", quando acrescentam "apropriado às circunstâncias e ocasiões do tempo". De modo semelhante, todas as definições mesclam o emprego cotidiano e de vida da sentença com as vestes da metáfora. Mas se encontrarão muitas frases nos autores "intocáveis", quer dizer, aqueles cuja autoridade não pode ser violada, citadas como provérbios, que não estão envoltas por alguma metáfora. Não poucas, ao invés, em nada pertencem ao cotidiano e estão diametralmente distantes, como se diz, da forma de uma sentença.

Que nem todos os provérbios tenham uma veste metafórica, é claro até para Fábio Quintiliano, que assim afirma no livro *Das Instituições* (5,11,21): "Da fabula está próximo o gênero da parêmia, que é, em certo sentido, mais breve do que um apólogo", indicando claramente que existem outros gêneros de provérbios não contíguos à alegoria. Todavia, não negarei que a maioria dos adágios tenha conotação com alguma veste metafórica. Portanto, direi que serão melhores aqueles adágios que, ao mesmo tempo, estejam embelezados pelas cores da metáfora e gozem da utilidade do conceito. Mas é algo diferente evidenciar o valor da parêmia, demonstrando o quanto é ótima, e definir o que é tal coisa em seu próprio gênero. A mim, com o consentimento dos estudiosos, parece-me perfeita e apropriada ao nosso propósito uma tal definição de parêmia: é um dito célebre, brilhante por sua reputada argúcia. O dito constitui o gênero; célebre, a característica; brilhante por sua reputada argúcia, a essência. Com essas três partes, será consenso entre os estudiosos o fato de que a definição seja perfeita.

101 ADÁGIOS

I [812]
EXIGIR TRIBUTO DE UM MORTO

Από νεχροῦ Φορολογειν, isto é, *a mortuo tributum exigere*. Dizia-se daqueles que, de maneira lícita e ilícita, obtêm riquezas em todo e qualquer lugar. A citação é de Aristóteles no segundo livro da *Retórica*: Κἄν από νεχροῦ φέρει, isto é, "Arranca o imposto mesmo de um defunto", demonstrando o que foi frequentemente dito a respeito daqueles que, torpemente, andavam à procura de lucro de coisas miseráveis e sórdidas, como Vespasiano tributando a urina, e de coisas torpes, como do lenocínio e da prostituição, ou o extorquindo de qualquer um: de amigos, dos mais modestos, dos mendigos e, enfim, mesmo dos mortos. Foi atribuído aos comandantes romanos, porque desterrados os monumentos sepulcrais dos coríntios, subtraíram seus bronzes e mais uma vez o próprio vocábulo reprova a torpeza da coisa. Pois os objetos subtraídos desse modo foram chamados *necrocoríntios*. Os áticos chamam de *phoros* um benefício ou mesmo um tributo tomado, mesmo pecuniário. Chamam *phorológoi* aqueles que conseguem tais ganhos, um gênero malvisto por homens, e legitimamente malvisto. *Phoros* deriva do verbo *phérein*, que em latim é *ferre* (levar embora), do qual o latim diz *foenus* (juros); os antigos não usavam esse vocábulo, a não ser para os proventos da terra que, como gratíssima devedora, restitui para um simples grão uma centena de volta. Pois está fora da natureza, como escreve

Aristóteles no *Político*, que o dinheiro procrie dinheiro. Mas hoje a coisa é de tal maneira aceita entre os cristãos que, tendo-se em desprezo os agricultores, a respeito dos quais nenhum outro gênero de homem é mais honesto e necessário ao Estado, os usurários são quase considerados um dos pilares da Igreja; embora homens antigos e famosos tenham condenado a usura, embora mesmo os hábitos pagãos a tenham regulado e limitado, e os dos hebreus a tenham interditado, e apesar dos decretos dos santos pontífices a terem execrado e perseguido. Não que eu seja particularmente hostil aos usurários, dos quais vejo que a atividade pode ser defendida se a autoridade dos Padres não a houvesse condenado. Sobretudo, se visses os costumes desses tempos aprovarias o usurário de preferência àquela sórdida estirpe de mercadores que, com astúcias, enganos, imposturas e simulações, vão à caça de um pequeno ganho, comprando em bloco aqui o que ali vendem em dobro, ou expoliam a mísera plebe com o monopólio e, todavia, só reputamos como honestos aqueles que nada mais fazem senão isso na vida. Penso que esse provérbio seja o mesmo ou um cognato daquele que mencionamos em outro lugar – Αίτει γε χαί τούς άνδριάντας αλφιτα –, quer dizer, "exige farinha até mesmo das estátuas" (*ipsis farinas poscit a statuis quoque*). Por brincadeira, pôs-se farinha em lugar de tributo, porque todos os bens se referiam à farinha e as estátuas eram postas em memória dos defuntos. Assim, quem até de estátua consegue ardilosamente um imposto, parece extorquir os mortos. Entre os antigos, de fato, foi grande o culto da sepultura e sua imunidade. Agora, o desejo de possuir chegou ao ponto em que não há nada no mundo, nem sagrado nem profano, do qual não se obtenha algum lucro, e isso não apenas por parte dos príncipes, mas por sacerdotes. Até mesmo em tempos sob os tiranos que eram ainda toscos e não tinham consciência do que fosse a tirania, eram coisas comuns a todos os mares, os rios, as vias públicas e os animais de caça.

Alguns nobres então, como se fossem os únicos homens, ou antes deuses, tudo reivindicam para si. O miserabilíssimo marinheiro é constrangido com perigo a mudar a rota e, conforme o arbítrio de um arrogante ladrão, "a fazer ou suportar qualquer coisa", como se fosse pouco para o infeliz ter de haver-se com ondas e ventos, se antes não ocorresse uma tempestade. Se chega ao porto, algo lhe é extorquido; precisa passar uma ponte, é necessário pagar. Precisa atravessar um rio, dá-se conta do direito dos príncipes; possui uma pequena bagagem, deve compensar aqueles sacrílegos. E coisa mais cruel ainda é defraudar a plebe miserável e cobrar dízimos dos alimentos dos pobres. Não é lícito transportar o trigo dos teus campos sem se pagar o dízimo. Não o mande ao moinho, não o triture, senão serás de novo mordido. Os vinhos não são importados se não forem taxados na décima parte. Não os armazenam nas cantinas se não se separa a metade ou ao menos um quarto do valor inteiro para aquelas harpias celeradas. Em alguns países, mais da metade do que chamam cerveja é posta à parte para o príncipe. Não abates um animal se não pagares um exator, não vendes um cavalo comprado com teu dinheiro se não desembolsas alguma coisa. Quando me encontrava nos campos da Bolonha, à época em que Júlio II se havia apoderado da riqueza daquela cidade, vi agricultores em extrema pobreza cuja totalidade de recursos era a de uma parelha de bois que com seu trabalho sustentava a família inteira, mas pagavam eles um ducado por cada animal. Há alguns países nos quais não se é livre para consolidar um matrimônio se não se pagou um tributo. Mas por que elencar cada caso singular? A eloquência é vencida por tal rapacidade. Não há nada de que não se esprema para tirar algum proveito. Não há medida nem fim, e a cada dia excogitam novas maneiras de exigir dinheiro, e se algum tributo foi criado em alguma ocasião momentânea, o conservam com os dentes. Essas taxas, já odiosas por si, são extorquidas mais odiosamente por exatores insolentes e rendem aos príncipes uma hostilidade nada medíocre, mas eles creem que nada existe de que não se possa colher uma vantagem. Esse é o motivo pelo qual, para os pobres, cresce a fome, e se alimentam de luxo os próceres e os velhacos. E não faltam aqueles que, das ações nocivas e facinorosas, obtêm um ganho não miúdo, utilizando as leis como armadilhas. Desde já, qual a magistratura, qual a função, que prefeitura não pode ser comprada? Em suma, e desde que essas numerosas cobranças não podem verdadeiramente preencher um tonel furado, assim funciona o fisco dos príncipes: simula-se uma guerra, os comandantes se conluiem, o povo infeliz é espremido até à medula; como se a soberania não fosse nada mais do que um ingente negócio. Mas embora seja vergonhoso que os príncipes cristãos pareçam mais desumanos nessas coisas do que o foram alguns tiranos pagãos, é preciso, todavia, execrar um pouco menos quanto ao fato de, mesmo entre os sacerdotes, para os quais todo dinheiro deva ser vil, nada é menos venal, nada está imune de pagamento. Que tragédias não são aliviadas por seus dízimos? Que mísero populacho não é saqueado? O batismo não é concedido, isto é, não é lícito tornar-se cristão se não pagas e com esses preclaros auspícios não ultrapassas as portas das igrejas. Não celebram o matrimônio se não pagas, não escutam as confissões dos penitentes se não esperam uma recompensa. Só dizem missa após terem sido remunerados, não cantam os salmos, não pregam e não impõem as mãos gratuitamente. Com muito esforço movem as mãos e bendizem, caso não se lhes tenha dado alguma coisa. Não consagram uma pedra ou um cálice sem que haja pagamento. Mesmo aquele dever verdadeiro do sacerdote de instruir o povo está viciado pelo lucro. E depois, não compartilham o corpo de Cristo se não pagas. Para não dizer neste momento quantas missas não são proferidas por litígios, por dispensas de doações, que o vulgo chama de indulgências, pela consagração de sacerdotes e a confirmação de bispos e abades. Mas o que pode ser gratuito entre eles, em meio aos quais se compra uma sepultura, mesmo em solo alheio? Entre os pagãos, havia para a plebe um sepulcro comum gratuito e tu podias enterrar quem querias. Entre os cristãos, nem mesmo é lícito que se abra a terra se não houveres pagado por intermédio de um sacerdote um pouco de espaço; e por bom preço ser-te-á dado um lugar amplo, magnífico. Se mais pagares, te será lícito putrefazeres junto ao altar-mor de uma igreja; se houveres dado pouco, te banharás com os plebeus a céu aberto. Seria indecente se aceitassem o preço oferecido; mas agora, chamam-no seu direito e é surpreendente dizer-se com que audácia o exigem. O bárbaro e pagão Efron oferece a Abraão, hóspede desconhecido, a doação de um sepulcro, e só às custas de preces é induzido a aceitar uma oferta em dinheiro; e os sacerdotes vendem o direito à sepultura em terreno alheio? Ou antes, o que é público o alugamos como privado? E ninguém profere uma missa mais avidamente do que aqueles que nada semeiam para o povo, mas vivem para si ou, certamente, para o príncipe. Outros nos cantam aquela canção: "Digno é o pagamento de um operário", como se não houvesse uma diferença entre o bispo, um militar de aluguel e um camponês. As funções de príncipe e de sacerdote são muito sublimes para serem avaliadas por um pagamento.

II [2(2)]
NÃO SALTES A BALANÇA

Do original grego, Μή ζυγόν ὑπερβαίνειν, isto é, *stateram ne transilias*; ou seja, que tu *não faças nada além do direito e da justiça*. De fato, a balança foi vulgarmente o símbolo do direito e da equidade, segundo indica o provérbio dórico: "mais justo do que uma balança". Desse modo é interpretado por Demétrio de Bizâncio no décimo livro do *Banquete dos Sábios*, segundo Ateneu[2].

III [814]
AS MONTANHAS DÃO À LUZ, E DELAS NASCERÁ UM RIDÍCULO RATO

Esse senário[3] proverbial se diz apenas de homens vangloriosos e ostentadores que, com promessas magníficas e com a autoridade de seus vultos e vestes, projetam de si uma incrível expectativa, mas, quando chegam os fatos, oferecem meras nugas ou frivolidades. Luciano[4] utiliza este adágio em seu libelo intitulado *De Que Modo Redigir Histórias*. Diz, efetivamente, que era repetido por gente do povo para uma pessoa que se atribuía uma paixão de Hércules ou a de um Titã (ὤδινεν ὄρος – as montanhas partejavam). Ateneu, no décimo-quarto livro do *Banquete dos Sábios* refere que Tachas, rei dos egípcios, assim golpeou com sarcasmo Agesilau, rei dos Lacedemônios, quando este lhe veio trazer ajuda na guerra: "Os montes davam à luz, o próprio Júpiter lhes tinha medo, mas eles geraram um ratinho." De fato, Agesilau era de estatura muito baixa. De sua parte ofendido, respondeu: "Mas um dia tu me verás como um leão." Aconteceu em seguida ter surgido uma sedição entre os egípcios, e não estando Agesilau junto ao rei, foi este coagido a fugir para o reino dos persas. Além disso, parece ser em grego um verso anapéstico. Utiliza-o Horácio em sua *Arte Poética*:

---

2   Escritor grego em Roma (finais do século II e início do III), autor do *Deipnosofisti*.
3   Verso latino de seis pés jâmbicos.
4   Luciano de Samósata (120-180?), polígrafo grego nascido na Síria, autor de obras filosóficas, de contos e sátiras.

"Do que está grávida esta promissora voragem? / As montanhas partejam, e delas nascerá um ridículo rato." Porfírio estima que o adágio tenha nascido de uma fábula de Esopo. Ele o revela deste modo: certa feita, quando alguns homens rudes e rústicos viram que sobre a montanha a terra inchava e se movia, acorreram de todas as partes para ver tão horrendo espetáculo, como se ela produzisse um novo e grande portento, já que, certamente, a montanha estava para partejar, assim como os Titãs, que mais uma vez irromperam para renovar a guerra com os deuses. Por fim, após terem estado esperando por longo tempo, com as almas suspensas e atônitas, surgiu um rato da terra e uma grande risada elevou-se da parte de todos.

IV [821]
SEGUIR COISAS QUE VOAM

É afim a este provérbio, *volantia sectari*, aquele que emprega Aristóteles no terceiro livro da *Metafísica*. Fala, por outro lado, de coisas sumamente obscuras e dificílimas de investigar. Desse dizer não é dissímil este outro: "Há alguma coisa para a qual tende ou para a qual se dirige o arco? / Ou talvez siga aqui e ali os corvos em meio à lama e crostas de gelo?" Para *aqueles que não se propõem qualquer escopo de vida*, mas vivem improvisadamente e conforme as instáveis circunstâncias.

V [825]
DE CORVOS MAUS, OVOS RUINS

Κακοῦ κόρακος κακόν ώόν, ou seja, *mali corvi malum ovum*. Será empregado adequadamente toda vez que um mau discípulo sair de um mau professor, um filho malévolo de um pai maldoso, um homem indigno de uma pátria censurável, e uma ação celerada de um facínora. Outros referem a metáfora à natureza do animal que por si não é conveniente ao alimento humano nem fornece um ovo útil a quem quer que seja. Há os que dizem que os filhotes dos corvos devoram os próprios genitores se por acaso não lhe alimentaram à saciedade; daqui derivaria o adágio. Outros preferem relatar a seguinte fábula: foi um tal Córax que, primeiro em Siracusa, depois da morte de Gerone, instituiu a arte retórica em troca de pagamento. Um adolescente, Tisia, com ele estabeleceu um pacto de pagar apenas quando houvesse aprendido a arte. Depois, quando aprendida, temporizava em fazer-lhe o pagamento. Córax o chamou em juízo. Ali o jovem propôs o seguinte dilema. Tendo perguntado o que era a finalidade da arte, Córax respondeu que consistia em persuadir falando. Disse então Córax: "Muito bem, se persuado os juízes de que nada devo, nada te oferecerei como compensação; se não os persuado, nada te pagarei, pois não terei aprendido." A esse dilema vicioso e *antistrephon* (reversível), Córax o devolveu ao discípulo desse modo: "Ao contrário, se os persuade, pagarás porque possuis a arte e me deves conforme o pacto. Se não pagares é porque sereis condenado pela sentença dos juízes." Quando os juízes ouviram esse comentário astuto e engenhoso, admirados pela astúcia do jovem, exclamaram: "De corvos maus, ovos ruins." Há os que narram que isso foi dito aos gritos pelos circunstantes, quando um abriu processo contra o outro. Fatos dessa mesma natureza foram recolhidos nos *Prolegômenos à Retórica*, de Hermógenes. Se não me engano, essa fábula é reproduzida por Aulo Gélio em suas *Noites Áticas*, no livro quinto, capítulo décimo, sobre o sofista Protágoras e seu discípulo Evatlo. A anedota, embora um pouco longa, está, todavia, à disposição, pois parece a mais arguta de todas e não me incomoda transcrevê-la. Mostrado o dilema vicioso que se chama *antistrephon*, pelo fato de que com as mesmas palavras se poder voltar-se contra o adversário, diz Gélio:

> É famoso aquele que, dizem, empregou Protágoras, o mais acérrimo dos sofistas, contra Evatlo, seu discípulo. De fato, foi a controvérsia entre eles a respeito do pacto de pagamento. Evatlo, jovem rico, teve o desejo de aprender eloquência e perorar causas. Prometeu a Protágoras uma grande recompensa em dinheiro, o quanto Protágoras houvera de pedir. De imediato deu-lhe uma metade, antes de aprender, e estabeleceu que lhe daria o resto no primeiro dia em que houvesse perorado e vencido uma causa perante os juízes. Após ter sido ouvinte e discípulo de Protágoras por longo tempo e ter melhorado bastante no estudo da retórica, não houvera, entretanto, recebido uma causa, mesmo após tanto tempo transcorrido, e parecia que o fizesse com propósito de não lhe dar a parte restante do pagamento; tomou Protágoras então a decisão que astutamente retinha: conforme o pacto efetuado, abrir um processo contra Evatlo. E quando veio à presença dos juízes para apresentar e dirigir a acusação, Protágoras assim exortou: "Aprende, estultíssimo jovem, que em ambos os casos acontecerá de tu me pagares o que eu pedir, caso [os juízes] se pronunciem contra ti ou a teu favor. De fato, se o processo for resolvido contra ti, o pagamento me será devido pela sentença, porque terei vencido; se, ao contrário, o juízo estiver a teu favor, o pagamento me será devido pelo pacto, pois tu terás vencido."

A essas palavras, respondeu Evatlo:

> Eu seria capaz, disse ele, de afrontar esse teu sofisma equívoco, se eu mesmo não houvesse tomado a palavra e tivesse outro patrono. Mas para mim, nesta grande vitória o maior prazer é que não só te venço na causa, mas também no mérito. Aprende tu também, mestre sapientíssimo, que em ambos os casos não pagarei aquilo que pedes, seja que se pronunciem contra mim, seja a meu favor. De fato, se os juízes se pronunciarem por minha causa, nenhuma compensação te será devida, porque terei vencido; se, ao contrário, se tiverem pronunciado contra mim, nada te será devido pelo pacto, porque não terei vencido.

Nesse momento, os juízes, em dúvida pelo interminável e incerto do que diziam as partes, e a fim de que sua sentença a favor de qualquer das partes não fosse por si mesmo anulada, deixaram a causa como não julgada e transferiram o processo para uma data longuíssima. Até aqui, Gélio. O que mais ainda? Não deveriam os juízes pronunciar, em lugar da sentença, o provérbio "De corvos maus, ovos ruins"? A mesma fábula narra Apuleio no livro dos *Florilégios*, não diria mais copiosamente, pois nem poderia estar como narrada por Gélio, mas de modo mais florido e, por assim dizer, pitoresco. Aristófanes relembra Evatlo nas *Vespas* e nos *Arcanenses*.

VI [335]
O ASNO ESCUTA A LIRA

Ονος λύρας, subentendendo άκροατης, isto é, "o asno é ouvinte da lira" (*asinus lirae auscultator*). É para aqueles que, *por imperícia, estão privados de juízo e possuem audição grosseira*. Marco Varrão deu esse título proverbial a uma de suas sátiras. Dela restam as seguintes palavras da peça intitulada *Testamento*, segundo Aulo Gélio: "se um ou mais filhos me nascerem no décimo mês, serão burros que escutam a lira, serão deserdados". Chama ainda de "asnos que escutam a lira" os intratáveis e os incapazes de aprender as boas artes. Escreve o divino Jerônimo[5] a Marcella: "embora possa, com todo o direito desprezá-los, já que a lira canta em vão para o asno, não gostaria, entretanto, como é costume, que nos acusem de soberbos". Ainda ele, escreve contra Vigilâncio: "ajo de modo tolo, procurando um mestre para o mestre de todos e impondo-lhe um limite, ele que não sabe falar e não

---

5 São Jerônimo (Eusébio Sofrônio Jerônimo, 347-430), teólogo, historiador, tradutor e um dos Pais da Igreja Católica.

é capaz de calar-se. É verdadeiro aquele provérbio grego: o asno escuta a lira". Disse Luciano a propósito daqueles que só servem por algo em troca: "dizem eles: o que há em comum entre um asno e uma lira?" Ainda ele em *Contra um Ignorante*: "mas tu, asno, escutas a lira e moves a orelha", de onde se retira também o adágio "o burro que move as orelhas", ou ainda, deste modo: "alguém contava uma história a um asno e este movia as orelhas". É para aqueles que, mesmo sem nada entender, ainda assim acenam com gestos e sorriem para quem fala, como se entendessem alguma coisa. E é absolutamente normal para o burro mover as orelhas como se desse a entender que compreende mesmo sem nada ter ouvido. Por vezes a máxima se refere não a um asno que escuta a lira, e sim a um que tenta cantar. Luciano diz: "sobretudo quando canta e deseja ser gracioso e agradável é, dizem, um asno que toca a lira". Sempre Luciano, diz ele em *Contrafrótola*: "olhando um asno, como diz o vulgo, esforçando-se por tocar a cítara". Cita-se ainda esse verseto: "o asno escutou a lira, e o porco, a trombeta". Servirá justamente contra aqueles que tentam, indecorosamente, uma arte em que são inexpertos, à qual são estranhos por natureza e talento. Segundo Ateneu, Estratônico, no oitavo livro d'*O Banquete dos Sábios*, alterou jocosamente o provérbio: "Havia um certo Cleone a quem fora dado o apelido de boi. Sabendo cantar com habilidade, mas não tocar a lira da mesma maneira, Estratônico, quando o ouviu cantar, exclamou: uma vez se disse que o asno escuta a lira; hoje é o boi quem a escuta."

VII [69]
O HOMEM É O DEUS DO HOMEM

Esta expressão – *homo homini deus* – também não difere muito da que geralmente é usada em referência *aos que trazem uma salvação súbita e inesperada, ou contribuem com um grande benefício para ela*. Os antigos, de fato, estimavam que deus não é nada mais do que aquilo que é útil aos mortais. Por isso consideravam os deuses os autores das colheitas, das vinhas e das leis, assim como qualquer um que houvesse contribuído para tornar a vida confortável, a ponto de venerarem como divindades até mesmo alguns animais, como a cegonha, entre os egípcios, pois pensavam que enfrentava, afastava e matava as serpentes aladas que em um certo período do ano se erguem dos pântanos árabes. Ou, entre os romanos, o ganso, porque salvou a fortaleza do Capitólio do assalto dos gauleses ao acordar as sentinelas com seus vozerios. Cícero o diz no primeiro livro *Da Natureza dos Deuses* (1, 106): "Vou concluir dizendo que há animais que os bárbaros consideram sagrados pelo benefício que aportam." Antes, segundo Pródico de Ceos (conf. Sexto Empírico, *Adv. Phys.* 1, 18)[6], mesmo corpos inanimados como o sol, a lua, a água, a terra, eram considerados deuses, porque parecem conduzir à vida e, com seu conforto, oferecem maior prazer à humanidade. Os citas, como atesta Luciano[7] em *Tossari* (38), juram pelo vento e pela espada como se fossem divindades, pois que aquele fornece a respiração e essa, a morte. Mas como diz Cícero, o homem geralmente deriva do homem muitas vantagens e, também, desvantagens, e é próprio de um deus tanto proteger como para fazer o bem; por esta razão, aquele que traz benefício em um perigo sério ou faz algum favor enorme, é dito ser um deus, porque para seu assistido ele faz, de fato, o papel de um deus. Com isso, está de acordo a cláusula solene dos "deuses repartidores de bens", que ocorre tanto em Homero (*Odisseia* 8, 325) quanto em Hesíodo (*Teogonia* 46, 111, 633, 664). E o que diz Estrabão no décimo livro: "foi corretamente

---

6 Filósofo e retor grego, ativo na segunda metade do século v a.C.
7 Retor e autor sírio-romano multiforme (120?-180?), tendo escrito sobretudo em grego (sátiras, diálogos, contos).

dito que os mortais obtêm a máxima imitação dos deuses quando são benéficos". O mesmo Estrabão, no livro XVII de sua obra, nos fornece a tradição de que certos egípcios consideram a divindade de um ponto de vista duplo; de um lado, aquela que é imortal e autora de todas as coisas e, de outro, a mortal e cujo nome se ignora; quando alguém lhes faz o bem, o veneram como a um deus. Além disso, se diz vulgarmente que quem se salva numa situação difícil ou desesperada face a um grande perigo, é salvo pelos deuses. Horácio, por exemplo, escreve (*Sermones* 1, 9, 78): "Assim me salvou Apolo." E Virgílio, nas *Bucólicas*: "Ó Melibeu, um deus criou para nós estes ócios. / Ele será para mim sempre um deus; em seu altar / jamais faltará o sacrifício de um tenro cordeiro / crescido em meu rebanho." E depois, explica o motivo pelo qual César deve ser considerado um nume, desvelando o benefício recebido: "Ele permitiu que meus bois errassem livres pelo campo, e a mim de fazer soar com prazer o cálamo agreste." Plínio, no segundo livro da *História Natural*, explica de modo mais claro a origem grega da parêmia. Todavia, ele se expressa sobre os deuses com palavras tão impiedosas como, logo depois, são insanas suas considerações sobre a imortalidade da alma e a ressurreição dos corpos. Pois, depois de ter zombado da multidão dos deuses, e depois de ter negado que o único deus supremo se ocupe dos homens, que para ele seria o mundo, ou não sei qual natureza. Plínio ajunta:

> É uma coisa divina que um homem deva beneficiar outro homem. Esta é a vida que leva à glória eterna. Nessa estrada os ilustres romanos caminharam, nessa estrada agora caminha, com passo celestial e com seus filhos, o maior príncipe de todas as idades, Vespasiano Augusto, vindo em auxílio de nosso Estado, reduzido ao extremo. É uma referência vetusta dar graças àqueles que fazem o bem, atribuindo-os à lista dos deuses. Portanto, dos méritos dos homens vêm os nomes de todos os outros deuses e os das estrelas que, em uma passagem anterior, mencionei.

Até aqui, Plínio. E Ovídio (*Cartas Pônticas* [*Epistulae ex Ponto*] 2, 9, 39): "É conveniente o prazer de um homem salvar outro homem; não há modo melhor de aspirar ao favor de outrem." Plutarco, no livro *Contra o Comandante Inexperto*, comenta que os deuses são felizes não porque vivam muitíssimo, mas por serem os promotores e autores das virtudes. De outro lado, para o apóstolo Paulo a suma virtude é a utilidade do amor e diz este consiste no fato de fazer o maior bem possível ao maior número de pessoas. Gregório de Nanzianzo, em sua oração *Sobre o Cuidado Com os Pobres* (*Orationes* 14, 26-27): "Que tu sejas Deus para o pobre, imitando a misericórdia de Deus; o homem nada possui de mais divino à sua disposição do que fazer o bem." Se, indubitavelmente, os cristãos não devam atribuir por divertimento o título de divindade a qualquer mortal e também se não se aconselha acolher em nosso uso uma forma de adulação exagerada e audaciosa como essa, ainda assim esse adágio pode ser aceitável e decoroso quando se limita a dizer: "sempre foste meu querido amigo, mas neste caso não foste apenas isso, e sim, como diziam os gregos, quase um homem transformado em deus para outro homem".

VIII [70]
O HOMEM É O LOBO DO HOMEM

Ανθρωπος άνθρωπου λύκος, isto é, o homem é o lobo do homem (*Homo homini lupus*). Diversa da mencionada acima, mas quase moldada da mesma maneira (o homem é o deus do homem), é a expressão usada por Plauto em sua *Asinária*: o homem é o lobo do homem. Ela nos convida a desconfiar dos desconhecidos, assim como nos acautelamos diante do lobo: "O homem é um lobo, e não homem, para aqueles que desconhece."

IX [55]
O TORDO CAGA SEU PRÓPRIO MAL

Muito semelhante a este *turdus ipse sibi malum cacat* é o adágio grego: Κιχλα χέζει αύτή κακόν, isto é, "O tordo caga seu próprio mal" [ou o mal para si mesmo]. É dito frequentemente daqueles que causam sua própria ruína ou desgraça, pois que o visco, segundo Plínio, somente cresce "se for digerido no ventre dos pássaros, sobretudo pombas e tordos, e depois expulso de seus intestinos". Desse fato se recorda sérvio em seu *Sophocleentário* ao sexto livro da *Eneida*. Também Aristóteles, no livro nono *Da Natureza dos Animais* distingue o tordo em três tipos, o primeiro dos quais diz que se chama ιξοβόρον ou, segundo Ateneu, ιξοΦάγον, o que é apropriado, "porque se alimenta de visco". Ora, do momento em que pelo visco as aves são capturadas, é lícito dizer-se que elas cagam o próprio mal. Plauto escreveu de modo um pouco diverso: "o pássaro cria o seu próprio mal". Todavia, não hesito em afirmar que Plauto escreve *caga*, e não *cria* (*cacat* e não *creat*), pois a passagem foi adulterada por um copista semiculto ou ignorante de provérbios gregos, ao incluir a lição espúria "cria". Sófocles, na Antígona, escreve: "Quem põe no mundo filhos inúteis / que outra coisa se poderia dizer que tenha gerado senão dor para si próprio / e motivo de riso para os malévolos?" Esse provérbio, por consequência, convém ainda àqueles que acolhem junto a si genros influentes, cuja força depois os oprimirá.

X [3877]
DEVE-SE PROVER À SITUAÇÃO PRESENTE

Praesentibus rebus consulendum. Procópio, no primeiro livro da *Guerra Gótica* (5, 13, 25), afirma: "Sem dúvida, vem à mente um velho ditado que exige que se proveja a situação atual em qualquer caso." Acredito que isso seja equivalente àquela máxima de Platão que citamos em outro lugar: "É preciso tomar boas providências para o presente." O que é passado não pode ser revogado em sua integridade, enquanto a previsão do futuro é frustrada por várias circunstâncias; é do que urge e acossa que, antes de tudo, se deve cuidar.

XI [2(1)]
NÃO PROVAR DO QUE POSSUI A CAUDA NEGRA

Ne gustaris quibus nigra est cauda. Plutarco o interpreta, no "Tratado Sobre a Educação das Crianças" (*De liberis educandis*), como o não ter relações com os desonestos (ímprobos), pois que possuem costumes pouco claros ou infames. O gramático Trifão, recordando-o entre os exemplos enigmáticos (Tropi 4), interpreta deste modo: "não pronunciar um discurso mendaz. A mendacidade, em seu extremo, se faz negra, obscura (*nigrescit et obscurantur*)". Alguns referem o ditado à sépia de peixes[8], que se encontra na tinta que traz na cauda. Plínio, no entanto (*Nat.* 32), fazendo o recenseamento dos peixes, elenca o melanuro, mesmo tendo discutido amplamente sobre a sépia em livros precedentes; disso se observa que este peixe e a sépia não são a mesma coisa.

---

8 No original, *sepiam piscem*, mas, na verdade, de moluscos cefalópodes.

XII [2(4)]
NÃO OFERECER A MÃO A QUALQUER UM

Ne cuivis dextram inieceris, quer dizer, que não se deve admitir familiaridade com qualquer pessoa, mas convém escolher aqueles por quem se tem apreço. Também é citado no *Tratado Sobre os Muitos Amigos* (περι τής πολυφιλίας), de Plutarco, e está de acordo com o apotegma que Diógenes Laércio (1, 60) cita de Apolodoro: não se apressar em fazer muitos amigos, mas, desde que obtidos, não se deve rejeitá-los.

XIII [2(6)]
NÃO GOLPEAR O FOGO COM A ESPADA

Ignem ne gladio fodito, ou seja, não excitar mais ainda uma ira já alvoroçada. Assim, convém, de preferência, perdoar e acalmar com palavras cordiais um temperamento impetuoso. O divino Jerônimo (*Contra Rufino* 3, 39) e Demétrio de Bizâncio[9], em Ateneu (10,452), nisso concordam. Diógenes Laércio afirma que a ira das pessoas prepotentes e ferozes não deve ser excitada com provocações, pois quanto mais a chama é agitada, mais ganha em vigor. Também Plutarco não dissente dessa interpretação (*Moralia* 12 e *Numa* 14,6), ainda que Platão, no sexto livro das *Leis* (780 c), diga que com frequência a expressão seja entendida para aqueles que, de modo frustrado, tramam aquilo que não se pode realmente fazer, como separar o fogo com a espada. São Basílio, em sua *Epístola aos Descendentes* (9,2) retorna a esse sentido, o de se pretender cortar o fogo com a espada ou recolher água

---

9   Parece tratar-se do historiador grego do século III a.C. que registrou a migração dos gálatas balcânicos (os celtas na historiografia latina) para a Ásia Menor.

com peneira. A isso alude, sem dúvida, Luciano no segundo livro da *História Verdadeira* (2, 28) quando, ao despedir-se das Ilhas dos Afortunados, imagina que foi convidado por Radamante a observar três coisas sagazes quando regressasse ao nosso mundo; a saber, não atiçar fogo com a espada, não comer tremoços e não fazer amor com um jovem com mais de dezoito anos de idade. Se tais condições fossem respeitadas, um dia estaria de volta às ilhas. Horácio parece indicar uma crueldade misturada com loucura: o amor é, por si só, um furor, e caso se acrescente um jogo cruento de sedução, então o fogo será perseguido pela espada: *his adde cruorem / atque ignem gladio scrutare*.

XIV [2(12)]
NÃO CAMINHES POR VIA PÚBLICA

Λεωφόρου μή βαδίζειν, ou seja, não caminhes por via pública. O divo Jerônimo (*Contra Rufino* 3, 39) assim expõe o sentido: "Não sigas os erros do vulgo." De fato, nunca se evidenciou que nos eventos humanos aquilo que agrada a maioria seja o melhor. Por isso, muitos manifestam: "abandonar a via principal e entrar em uma estrada secundária" (*viam regiam declinato, per semitas ingredior*). Esse preceito não discorda da doutrina do Evangelho, que aconselha abandonar a estrada mais larga ou espaçosa, utilizada pela maioria, para ingressar em vias mais estreitas e só por poucos percorridas.

XV [2(18)]
NÃO FALAR CONTRA O SOL

O que significa *não contradizer o que é manifesto*, evidente (*adversus solem ne loquitor*). O que se constata como maximamente manifesto, dizemos ser claro como o sol. Logo, fala contra o sol aquele que diz: nada existe de duro dentro ou fora da noz e da oliva.

XVI [3]
NINGUÉM COMANDA BEM SE NÃO FOI COMANDADO

É impossível que comande de modo justo quem nunca tenha recebido ordens (*Nemo bene imperat nisi qui paruerit imperio*). Este adágio é ainda hoje célebre, pois ninguém exerce domínio de modo correto se antes não esteve subordinado. É citado por Aristóteles no terceiro livro da *Política*: "Por isso é bem-dito que não está em condições de comandar quem antes não esteve sob o comando de alguém." E ainda no mesmo livro: "Diz-se que quem quer bem governar deve antes ter suportado o peso da subordinação." De maneira proverbial se exprime Platão no sexto livro das *Leis*: "Agora é necessário pensar naquela máxima que se estende a todos os mortais – quem não serviu não é digno de exercer o domínio." E Plutarco, no *Comandante Inexperto*, acrescenta: "Não é apropriado aos caídos levantar os outros, aos ignorantes instruí-los, aos indisciplinados estabelecer regras, aos desordeiros ordenar; do mesmo modo, não pode governar quem primeiramente não foi governado." Plutarco ainda elogiava particularmente Agesilau pelo fato de ter chegado ao poder ciente do que significava a ele submeter-se. Sêneca, no segundo livro *Sobra a Ira*: "Só pode governar aquele que pode ser governado." O adágio nasceu do conhecido dito de Sólon, referido por Diógenes Laércio (*Vida dos Filósofos*): "Somente comande depois de ter aprendido a escutar ordens." É um modo de dizer com o qual se pode elogiar seja aqueles que aprendem a governar obedecendo ordens de outros, seja os que primeiramente dominam as próprias paixões para depois exercer o poder sobre os demais. De fato, não é capaz de governo quem é servo das paixões; somente pode ser rei quem é regido pela razão.

XVII [4]
OS JARDINS DE ADÔNIS

Αδώνιδς κήποι, isto é, os jardins de Adônis, se dizia de coisas ao mesmo tempo pouco férteis e breves, adequadas somente a um prazer efêmero. Pausânias dá testemunho da satisfação do tempo reservado aos jardins de Adônis, no qual se plantavam alface e funcho. Adquiriu-se o hábito de depositar sementes, tal como num vaso, e por esta razão tornou-se proverbial deplorar homens fúteis e enganadores nascidos para prazeres vazios, tais como cantores, sofistas, poetas lascivos, glutões e fulanos semelhantes. Esses jardins eram considerados consagrados a Vênus por causa de Adônis, seu amante, morto no início da juventude e transformado em flor. Platão faz-lhe menção no *Fedro* (276 b): "O agricultor de bom senso plantaria seriamente durante o verão, nos jardins de Adônis, as sementes que lhe eram queridas e das quais ele obteria frutos, e ficaria satisfeito por vê-las tornar-se belas em oito dias, ou fá-lo-ia de forma lúdica e alegre, mesmo quando o fizesse?" Também Plutarco, em comentário no *De eo, qui a numine sero punitor* (*Do Tardio Punidor Divino*), diz: "desperdiça seu próprio tempo e esforça-se em vão o deus que nos tutela, enquanto nós não temos nada de divino ou que de alguma forma nos assimile à sua condição, e seja consistente, estável e perpétuo; pelo contrário, à maneira das folhas, como relata a passagem homérica, em todas as partes nos tornamos corruptos e num curto espaço de tempo somos consumidos. Do mesmo

modo se comportam as mulheres que cultivam em certos
frascos os jardins de Adônis que por pouco tempo se mantêm e cuidam de vidas destinadas a uma existência efêmera,
as quais se propagam em matéria macia e incapaz de receber
uma raiz vital firme, e logo perecem na primeira ocasião".
Disso também se lembra Teócrito no *Idílio* 15 (113 s.): "há
também jardins frescos, guardados em vasos / brilhantes".
O provérbio também ocorre nesta variante: "mais estéril dos
jardins de Adônis". Com imagem não dessemelhante, Iseu,
em Filóstrato, o Jovem (*As Vidas dos Sofistas* [*Vita Sophistarum*]1,20,1), define os prazeres dos jardins da juventude
como "jardins de Tântalo", uma vez que se assemelham
tanto às sombras quanto aos sonhos e não satisfazem o
ânimo humano, mas antes o irritam.

XVIII [2420]
GENTE DE SAL E DE FAVA

Περι αλα χαι χῦαμον, isto é, *Iuxta salem et fabam. Gente de sal e
de fava se dizia daqueles que simulavam saber o que não sabiam.*
Ou seja, os sacerdotes que interpretaram os oráculos exibiam
favas e sal. Portanto, aqueles que falavam entre si sobre assuntos obscuros eram chamados "os do sal e da fava". Assim
lemos em Diogeniano[10] e em outras coleções de parêmias
gregas. Plutarco, contudo (*Symposiacorum problematum*), não
escreve fava, mas cominho, a menos que haja uma falha no
código: "Mas talvez lhe escape por que razão é usada a expressão 'os de sal e cominho'. Deste alimento, um é mais saboroso,
o outro mais doce." Ainda Plutarco, no mesmo livro: "Uma
noite, quando estávamos em sua casa para jantar, Floro se

---

10 Gramático grego do primeiro século de nossa era, autor de livros contendo provérbios – Παροιμίαι δημώδεις – e epigramas – Επιγραμμάτων ανθολόγιον.

perguntou quem eram 'os de sal e cominho', de acordo com a expressão proverbial." Sobre isso, o gramático Apolofanes resolve a questão dizendo que o adágio indica uma grande familiaridade entre pessoas. Quando há uma relação muito íntima, come-se junto, com sal e cominho, e não se requer um grande aparato de comida. Daí também a observação de César Otaviano a um certo homem por quem tinha sido recebido com uma refeição muito parca, frugal: "Não sabia que tínhamos relações tão familiares" (*Nesciebam me tibi esse tam familiarem*) – (Macróbio, *Saturnais* 2, 4, 13). Este adágio também tem algo a ver com outro ditado, que trataremos no seu lugar: "não se deve violar o sal e a mesa", ou seja, não devem ser violados os direitos de amizade, que são precisamente simbolizados por ambos. Que o sal represente uma refeição frugal é o que numerosos poetas deixam conhecer. O Horácio das *Odes*: "Vive-se bem com pouco, quando a saleira paterna / brilha sobre a modesta mesa." O mesmo em *Sermonibus* (*Conversações*): "Basta-me uma mesa trípode / e uma ostra com puro sal." Nas divinações, portanto, o sal parece ter sido usado habitualmente, por motivos religiosos. Por que ao sal é atribuída sobretudo esta honra? pergunta-se Plutarco no livro anteriormente citado. Já Homero chama o sal de "divino" e Platão escreveu que o sal é familiar aos deuses. Por causa dessa honra, os egípcios se abstêm do sal; nem mesmo seu pão é com ele temperado. Plutarco, a bem da verdade, pensa que os egípcios se abstêm de sal para viver de modo puro, dado que o sal é suspeito, precipuamente, de acender a libido, devido ao calor que provoca. De fato, não é inverossímil que eles tenham renunciado ao sal justamente porque era um condimento suavíssimo a ponto de ser legitimamente definido como a iguaria das iguarias. Por esta razão, há quem tenha designado o sal de *graça*, ou benesse, pois, sem ele, os alimentos seriam insípidos ou *sem graça*. De resto, essa máxima de considerar o sal como divino é pelo fato de impedir a putrefação e a decomposição de corpos privados de vida, o que não o deixa perecer de todo; de qualquer modo, resiste à morte e, no que é possível, fazendo as vezes de alma. Certamente, nada é mais divino do que alma. Mas como seu ofício é tutelar e manter unidos os seres animados e não deixar que a congregação de seus corpos se dissolva, à imitação da alma mantém firme a harmonia dos corpos que tendem à putrefação e conserva a coesão recíproca dos membros. Pela mesma razão, considera-se divino e sagrado o fogo do raio pelo fato de que o corpo por ele atingido perdurar por muito tempo e não apodrecer. Há também algo de quase divino no sal, pois se considera que contenha uma espécie de força geratriz. Como antes foi dito, o sal excita e afia o vigor masculino. Por esse motivo, quem cria cães lhes dá carne salgada como alimento para torná-los mais aptos à reprodução. Talvez a isso aludissem os poetas quando imaginaram que Vênus, deusa da fecundidade, nascera em água salgada, tendo-a cognominado "nascida do sal" (άλιγενή ou *saligenam*). Também imaginaram que todos os seres marinhos fossem particularmente fecundos e progenitores de muitos filhos. Por fim, não há nenhum animal terrestre ou aéreo que seja tão fecundo quanto os peixes. Desses modos e a respeito do sal, fala Plutarco. É ainda mais prazeroso referir-se a tudo isso, pois que o sal tem a ver com os mistérios cristãos, e em particular com o batismo, por meio do qual renascemos e somos conduzidos à salvação. Por tal motivo, das opiniões dos antigos a respeito do sal, não há nada que um teólogo não possa atribuir ao seu uso.

XIX [6]
DESATAR O NÓ

Κάθαμμα λύειν, ou seja, desatar o nó (*nodum solvere*). Dizia-se *daqueles que realizavam com facilidade uma atividade de outro modo feita com muitos empecilhos.* Dizem que o provérbio teve origem na tradição de que Midas era geralmente transportado num carro cheio de nós inextricáveis de madeira de corniso. À volta desta carruagem, que foi preservada durante uma certa época, circulou entre os frígios um rumor de que quem houvesse desatado o nó também tomaria posse da Ásia. Alexandre Magno o desatou cortando o parafuso que conectava a canga ao timão; segundo alguns, com sua espada. Faremos menção a essa história em outro provérbio – Nó de Hércules. Cícero, no quinto livro de sua Epístola a Ático, escreve: "César não poderia receber do senado nenhuma magistratura sem esse nó desatado", ou seja, até que seja concluída a negociação.

XX [848]
NÓ DE HÉRCULES

Ἡράκλειον ἅμμα, ou seja, Nó de Hércules. Lê-se em autores eruditos para indicar um *vínculo estreitíssimo e indissolúvel*. Sêneca, em *Carta a Lucílio*: "Há apenas um nó, mas resta um nó de Hércules" (*Unus tibi nodus, sed Herculeus restat*). Assim, na realidade, ele chama um silogismo que dificilmente pode ser resolvido. E será aplicável àqueles que estão associados a uma necessidade muito urgente. E de onde isto surgiu, Plutarco quase o indica na *Vida de Alexandre* (18, 1-4). De fato, escreve que Alexandre Magno, tendo submetido a cidade de Górdio, sede do Rei Midas, desejava ver aquela famosa carruagem amarrada com casca de corniso com admirável artifício. Sobre ela, entre os bárbaros, espalhou-se a fama de que quem quer que tivesse desatado o nó era predito pelo destino ao domínio de toda a terra. Alexandre o talhou com a espada. Aristóbulo escreve que o afrouxou muito facilmente, removendo certamente o parafuso com o qual o jugo foi unido ao timão. A isso alude Ausônio[11], escrevendo a Paolino (*De Bissula* 1): "A pertinácia de Alexandre, o Macedônio, verdadeiramente superou, cortando as cordas do jugo fatal, pois não conseguiu desatá-las, e penetrou na caverna da Pítia, que não era lícito abrir." Que, em vez disso, o nó feito por Hércules era venerado e sagrado para os antigos é bastante evidente pelas palavras de Plínio no 28º livro, capítulo VI, da *História do Mundo*: "E amarrar feridas com um nó de Hércules é tão incrível quanto seja a medicina mais veloz. E é dito que mesmo os cinturões de todos os dias com tal nó têm alguma propriedade útil." Festo Pompeu mostra que na antiguidade era costume uma noiva recente ser cingida com uma faixa de lã atada pelo nó de Hércules que o marido desatava no leito como bom augúrio, para que também ele fosse fecundo na geração de filhos. De fato, Hércules deixou setenta filhos.

XXI [27]
QUEM DIZ O QUE QUER, ESCUTARÁ O QUE NÃO QUER

Qui quae vult dicit, quae non vult audiet. Esse provérbio é citado pelo divino Jerônimo no escrito contra Rufino: "Sobre esse assunto nada te direi, senão o que é vulgarmente dito: do momento em que disseres aquilo que quiseste dizer, então ouvirás aquilo que não queríeis ouvir." E Terêncio[12] no Andria: "Se me disseres isso que te passa pela cabeça, ouvirás aquilo que não quereríeis ouvir." E ainda no prólogo de Formião: "Se houvesses discutido com boas palavras, ouvirias palavras igualmente boas." Ainda no prólogo do

---

11 (310?-395?), poeta e político romano.
12 Poeta e comediógrafo romano (185 a.C.?-159)

Andria, alude-se ao mesmo adágio: "Que se abstenham de falar mal se não querem ouvir falar mal deles." Retornando ao nosso assunto, o pai deste adágio parece ter sido Homero que escreve no vigésimo livro da *Ilíada* (20, 250): "De modo símile te será dito como falaste." Analogamente, Hesíodo em *Os Trabalhos e os Dias* (721): "Para quem fala de modo malévolo, cada palavra lhe será devolvida." Novamente, na mesma obra: "Se por primeiro fizeres ou disseres algo de molesto, sabe que tudo te retornará em dobro." E Eurípedes, em Alceste: "Se falares mal de mim, em troca falarei mal de ti, e sem falsidade." Sófocles se expressa mais refinadamente, citado por Plutarco (*Moralia* 89-a,b): "Com frequência, àquele que fala sem freios, cabe ouvir palavras não desejadas, pois disse o que queria." Versos citados ainda nesta outra forma: "Quem pronuncia muitas palavras sem freio, ouve, pois, o que não gostaria, desde que fale de modo malévolo." Mesmo em nossos tempos, está em uso o que diz o vulgo: "Como saudares, assim te será respondido", no sentido de que a linguagem será adequada às tuas palavras. Dessa maneira se expressa Plauto: "Se ofenderes, serás ofendido." E Cecílio, em Crisio, conforme o testemunho de Aulo Gélio (6, 17, 13): "Me ouvirás responder, se falares mal de mim." Ao mesmo sentido pertence o famoso verso de Eurípedes, com frequência citado por autores antigos (*Bacantes* 386-388): "Uma boca desenfreada e uma loucura perversa trazem infortúnio." E entre os ditos atribuídos a Quilão de Esparta, recorda-se esse: "Não se deve falar mal das pessoas com quem se está a lidar; caso contrário, ouviremos coisas que não nos agradarão." Aqui julgo que se deva juntar um verseto que Quintiliano cita (*Institutio oratoria* 5, 13, 42), disseminado pelo vulgo: "Ele não respondeu mal, porque, anteriormente, interpelara mal."

XXII [30]
O ESTÚPIDO APRENDE COM OS FATOS

(*Factum stultus cognoscit.*) Esse provérbio é ainda expresso um pouco diferentemente: *rem peractam stultus intellexit*, o estúpido entende a coisa depois dela terminada. É atribuído a Homero que, em vários lugares, dele se serve. Por exemplo, nos livros XVII e XX da *Ilíada*: "Procura não te meter entre meus pés, para que não proves algum mal: pois o fato ensina até mesmo ao estúpido." A ele também alude Eurípedes nas *Bacantes*: "Por estar vizinho ao mal, com ele aprendeu." Diz isso a propósito de Penteu, que só tardiamente, e não sem riscos, soube temer a Baco. Não diverso é aquele célebre senário que figura entre os provérbios gregos: "Os homens julgam desde o momento em que se penitenciam" (*Tum iudicant homines, ubi iam poenitet*). Ao mesmo adágio se refere Virgílio (*Eneida* 6, 620): "Com este exemplo, aprendei a justiça e a não desprezar os deuses." Também o famoso Demóstenes: "Não compro um arrependimento a preço tão alto." Fábio, segundo Tito Lívio (22, 39, 10), define a consequência como a mestra dos estultos: "Não aprendais pelo resultado do acontecimento, porque o resultado é o mestre dos estúpidos, e sim pela razão." Plínio, o Jovem, no panegírico pronunciado por Trajano (66, 4) chama de mísera a sabedoria tarda e infrutífera: "O terror, o medo e aquela mísera sabedoria que deriva da experiência nos induziam a desviar os olhos, os ouvidos e o ânimo da República (mas não havia mais nenhuma república)."

XXIII [40]
O PORCO ENSINA MINERVA

Adágio muitíssimo habitual no tempo dos antigos autores latinos: o porco Minerva. Mas é preciso subentender "ensina" (*docet*) ou "aconselha" (*monet*). Diz-se quando uma *pessoa ignorante ou insulsa tenta ensinar outra que poderia ser sua mestra*. Ou, usando as palavras de Festo Pompeu[13]: "quando alguém ensina a outro algo que não sabe". À Minerva os poetas atribuíam a tutela das artes e dos engenhos. Quanto ao porco, não há animal tão torpe e imundo, seja porque muito lhe agrada rolar em esterco, seja pelo enorme tamanho de seu fígado (o fígado, como bem sabido, é a sede da concupiscência e da libido), seja pela espessura de suas narinas e pela fraqueza de seu olfato, a tal ponto que não há mau cheiro que lhe venha incomodar. E ele é perenemente propenso e dedicado à comida, de modo que, se por acaso se vê forçado a olhar para cima, imediatamente se cala por causa da novidade da coisa e por causa do espanto, como observou Alexandre de Afrodísia[14]. Não há animal mais indócil do que o porco; e, por isso, não possui outro uso, como certos animais, já que a natureza o considerou apenas alimento. Coisa que Plínio (*Naturalis historia*, livro VIII, cap. LI) testemunha: "Criatura considerada sumamente torpe, e se pensava que a alma lhe houvesse sido dada para que tivesse a função de sal." Varrão o confirma no livro II de "Sobre a Agricultura" (*De re rustica* 2, 14, 10): "Dizem que o porco foi produzido pela natureza apenas para ser comido e que a alma lhe tenha sido dada a fim de que, tanto quanto o sal, mantivesse conjunta a sua carne." Aristóteles (em *Physiognomicis* 6, 811b) escreve

---

13 Gramático romano do segundo século, autor de *De verborum significatione* e de uma enciclopédia histórica em vinte volumes.

14 Filósofo grego, ativo nos reinados de Severo e Antonino, comentarista reputado de Aristóteles.

que os homens de fronte estreita são indóceis e inadaptados ao aprendizado, pertencendo à mesma raça dos porcos; com isso pretendia dizer que os porcos seriam os animais mais distanciados da docilidade e das inclinações humanas. Assim, os demais seriam capazes de alguma docilidade. Daí que, ainda hoje, se costuma chamar de porcos alguns homens estúpidos, vindos ao mundo somente para comer e satisfazer o próprio ventre. É certo que Suetônio, em seu livro dedicado a gramáticos ilustres, refere-se a Palemone[15] como homem de tal forma arrogante que definiu Marcos Varrão um porco e que as letras teriam nascido com ele e com ele morreriam. De resto, se ainda quisermos descrever um ignorante ou iletrado, dizemos que tal pessoa provém de uma pocilga. Como o faz Cícero na oração contra Pisão: "Gerado por uma pocilga, não pela escola" (*ex hara productae, non schola*). De tudo isso nos provém a origem do adágio "o porco [ensina] Minerva". Lúcio César, no livro de Cícero "Sobre o Orador" (*De oratore*), afirma: "E assim, falando espirituosamente na presença de Crassus, farei o papel do porco que ensina, como se diz, e neste caso, a um orador sobre quem Catulo, depois de ouvi-lo, comentou que todos os outros eram erva seca." O mesmo Cícero observou (*Academicis quaestionibus*): "Ainda que não realmente, como diz o provérbio *o porco ensina Minerva*, mas todo estúpido procura fazê-lo." E Jerônimo (*Contra Rufino* I, 17): "Deixo de lado os gregos, de cujo conhecimento te vanglorias, e enquanto te esforças atrás da ciência estrangeira, tens quase esquecido a tua língua: não queria que parecesse que o porco, como diz o antigo provérbio, está ensinando Minerva." Muitos divulgaram uma resposta arguta de Demóstenes (segundo Plutarco, *Moralia* 803d): Demades vociferava contra ele, dizendo que Demóstenes queria corrigi-lo, como faz o porco com Minerva; ao que Demóstenes replicou: "É que, há pouco, Minerva foi

---

15 Quintus Remmius Palemone (5-65).

surpreendida em flagrante adultério." Alusão, naturalmente, à virgindade de Minerva.

XXIV [93]
CONSERVA A MENTE DO POLVO

Subsiste registrado nos adágios gregos (Teógnis, 215, Diógenes, 1-23): Πολύποδος νόον ΐσχε, ou seja, mantém a índole do polvo (ou comporta-te como um polvo – *polypi mentem obtine*). Isso nos exorta a assumir, conforme as circunstâncias, atitudes e aparências mutáveis. O que é louvável em Ulisses, na visão de Homero (*Odisseia* 1, 1), a quem chama de "versátil" (πολύτροπον, *moribus versatilibus*). Naturalmente, o adágio traz sua origem das espécies de animais marinhos mencionadas por Plínio no livro ix da *História Natural* e, também, por Luciano, no diálogo entre Menelau e Proteu[16]. Ambos os autores escrevem que os polvos mudam de cor, em particular quando sentem medo. Se, por exemplo, os pescadores o perseguem, ele se agarra às pedras e delas assume as cores, a fim de não ser capturado. E, como a isso se refere Basílio Magno, os peixes, enganados por essa falsa semelhança entre ambos, se aproximam às vezes espontaneamente e se oferecem ao seu predador. De resto, o provérbio é citado por Teógnis[17] (215-16) e, também, por Plutarco, no *Tratado Sobre os Muitos Amigos*: "Mantém a índole do astuto polvo, que assume a cor do escolho sobre o qual se detém." Também Clearco, segundo o testemunho de Ateneo (7, 317a-b)[18], cita este adágio, embora se cale

---

16 Pastor dos rebanhos marinhos.
17 Poeta grego, ativo em meados do século vi a.C.
18 Escritor grego, ativo no século ii d.C., autor de *O Banquete dos Sábios* (Δειπνοσοφισταί).

sobre o autor a que se dirige: "Que tu sejas como o polvo, ó Amfiloco, jovem herói – adapta-te a quem se aproximar de ti." Os mesmos versos ocorrem em outros lugares, em Plutarco, que os toma de Píndaro. De quem este proverbial lema é frequentemente divulgado: "Deve-se ser, conforme as circunstâncias, ora de um modo, ora de outro." É um lema que aconselha a nos adaptarmos, voluntariamente, a todas as situações de vida e, imitando Proteu, a assumir o aspecto que mais se requer na situação presente. Da mesma maneira, Aristófanes, no *Pluto* (47), exorta a viver segundo os hábitos do lugar. E ao mesmo adágio pode-se vincular o dito: "o lugar onde nos encontramos representa a lei". O que significa que todo lugar tem seus hábitos peculiares, os quais, quando ali somos hóspedes, não devemos condenar, e sim, quando possível, imitar e assumir como se fossem os nossos. Mas que ninguém acredite que o adágio eduque para a torpe adulação, que conduz alguns a concordar com outros em todas as coisas. Nem que exorte à incoerência nos costumes, vício que Horácio condena nos *Sermones*, e que os historiadores descreveram como peculiar a Catilina e ao imperador Avídio Cássio, enquanto as escrituras divinas o consideram como o vício típico dos ímprobos, porque – lê-se –, o tolo muda conforme a lua transmuda e, em vez disso, o sábio, como o sol, é sempre igual a si mesmo. No caso de Alcibíades, não saberia atribuir a coisa à virtude ou ao vício: de fato, foi felicíssima e admirável a sua destreza nos costumes e no engenho. Comportava-se verdadeiramente como um polvo: em Atenas, gracejava com facécia e muita argúcia, adestrava cavalos, vivia de modo afável e elegante; em Esparta, se barbeava, vestia o pálio, se lavava com água fria; na Trácia, combatia e bebia; quando depois se mudou para Tissaferno, entregou-se à moleza, ao prazer e ao fausto, como é costume entre os persas. Pelo contrário, a atitude dos ignorantes é primitiva, amarga e indelicada; eles gostariam que todos, em todos os lugares, vivessem de acordo com os mesmos costumes, ou seja, os seus próprios, e condenam sempre os costumes dos outros. Ao contrário, não há nada de mal com os homens se às vezes se adaptam aos costumes dos outros, para não ser desagradáveis, para ser de ajuda ou para salvarem-se ou salvarem outros homens de um grande perigo. O que fez Ulisses, quando mentiu na gruta de Polifemo, ou se vestiu como um mendigo para enganar os nobres pretendentes; e assim Brutus fingiu ser um tolo e, David, louco. O próprio apóstolo Paulo se vangloria, com certa ostentação santa, de ter feito uso desta astúcia piedosa e de ter-se adaptado a todos, a fim de conquistá-los para a fé em Cristo. Mas, é claro, não há nada que nos impeça de fazer um amplo uso deste adágio e dele nos servirmos para censurar os vícios dos homens que são dotados de uma disposição instável, por assim dizer, e que gradualmente imitam a máscara daqueles com os quais têm relações. Plauto escreveu elegantemente nas *Bacantes* (654-662): "Ninguém pode jamais ser sábio a menos que saiba fazer tanto o bem quanto o mal. Seja ímprobo com os ímprobos, e roube os ladrões em tudo o que puder. Ao homem sábio convém ser maleável. Deve ser bom para os bons, mau para os maus. Deve, em resumo, adaptar-se às circunstâncias." E Eupolis, citado por Ateneu (7, 316c): "O homem do mundo se comporta como um polvo" (*Urbanus homo, qui moribus sit polypus*). Metáfora similar usou Aristóteles no primeiro livro da *Ética a Nicômaco* (I, 1100b), referindo-se ao camaleão. Quando alguém é em tudo dependente da fortuna, não apenas essa muda, pois acontecerá fatalmente que ele mudará conjuntamente, como o camaleão, tornando-se ora feliz, ora infeliz; quer a sorte se volte de um lado ou outro, ele mudará seu semblante e seu espírito.

XXV [102]
MUITOS SÃO OS OUVIDOS
E OS OLHOS DO REI

Ωτα χαί όφθαλμοί βασιλέων πολλοί, ou seja, *aures atque oculi regum multi*. São muitos os ouvidos e os olhos do rei, pois observam por meio de espiões tudo o que qualquer um diz ou faz. O mesmo dito é referido por Luciano na obra intitulada *De mercede servientibus* (Os Preceptores Assalariados) e, também, no *Adversus ineruditum* (Contra um Ignorante). A ele faz menção também Aristóteles no terceiro livro da *Política* (1287b, 29-30). Em grego, este tipo de homem é chamado ouvidor (ώταχουτάς); o primeiro a empregá-lo foi Dario, o jovem, por muito desconfiar. O tirano Dioniso, de Siracusa, acrescenta aos espiões o assim chamados "exploradores", segundo Plutarco (*Moralia* 522f-523a). A imagem proverbial deriva, assim, do fato de que os reis dispõem de muitos exploradores, que por causa de suas funções são chamados "olhos e ouvidos do rei" (ou do poder). Ao rei não faltam mãos e pés e, talvez, nem o ventre. Que se veja, dessa maneira, que raça de monstro é o tirano e quão temível é ele que está fornido de tantos olhos, longos, e tantos ouvidos, indagadores, quanto aqueles do asno, de tantas mãos, pés e ventres para não nominar outras vergonhas. Aristófanes, nos *Arcanianos* (91-92), chama de "olhos de rei" a personagem Pseudartabo, graças a quem o rei podia saber tudo o que ocorresse. Muito diferentemente, em uma passagem de Eurípedes (406), Andrômaca define o próprio filho como o "olho da minha vida": "A mim houvera restado apenas aquele filho, olho de minha vida." No sentido de que a única doçura que permanecera em vida fora o filho. Ao mesmo tempo, nada nos é mais caro do que olhos. É por isso que se usa chamar de "olhos" as pessoas a quem se quer bem.

XXVI [207]
QUANTOS SÃO OS HOMENS, TANTAS SÃO AS OPINIÕES

Nenhum modo de dizer é hoje mais difundido do que esta sentença de Terêncio: "Quantos são os homens, tantas são as opiniões" (*Quot homines, tot sentenciae*). Que é semelhante a outra do mesmo autor (*Phormio* 454): "Cada um tinha seu próprio costume." Em Pérsio[19] (*Saturae* 5, 52-53) também: "São mil aspectos os dos homens e seus usos possuem cores diversas. Cada um tem seu gosto e não se vive conforme a mesmo hábito." De mesmo teor pertence o verso epigramático segundo o qual pode-se encontrar quem não recusaria doar a riqueza paterna, mas ninguém que esteja disposto a renunciar ao seu engenho natural. Horácio se exprime com essa elegante alegoria: "Discordam de mim os três convidados, que pedem pratos diversos, cada um segundo o próprio paladar." A primeira de suas *Odes* diz respeito a esse argumento: cada um é levado a certos estudos e todos amam coisas diversas. Que se recorde também a espirituosa alusão a esse adágio, presente no *Formião* de Terêncio: de três advogados, um diz sim, outro não, e o terceiro julga oportuno que se dê um parecer. E ainda o divino apóstolo Paulo lhe faz alusão na passagem em que, a fim de evitar competições, exorta cada um a seguir sua própria inclinação (*Rom.* 14, 5). Se os teólogos dessem ouvidos a esse conselho não litigariam hoje sobre questiúnculas; há muitas que, de fato, poderiam ser, sem qualquer dano para a fé, ignoradas. Eurípedes ampliou a sentença em *As Fenícias*: "Se a todos parecessem bela e egrégia a mesma coisa, não haveria contendas perigosas entre os homens; e, no entanto, para eles

---

19 Aulo Persio Flaco, poeta latino (34-62), autor de seis sátiras (*Saturae*).

nada é símile, nada é o mesmo; talvez só nas palavras que empregam se ponham de acordo, mas sobre coisas não há consenso." E ainda em *Hipólito Coroado* (104): "A cada um agradam homens e deuses diversos." Por fim, dele se ocupa Homero na *Odisseia* (14, 228): "Cada um é favorável e se compraz com coisas diversas."

XXVII [287]
TODAS [AS AÇÕES] OBEDECEM AO DINHEIRO

Esta sentença era muito difundida em todas as nações no passado, e ainda é nos dias de hoje: todas as ações humanas obedecem ao dinheiro (*pecuniae obediunt omnia*). É encontrada entre os provérbios hebraicos, conforme o capítulo décimo do *Qohelet*, e ocorre com frequência em autores gregos e latinos. Eurípedes n'*As Fenícias*: "nada é mais caro aos mortais do que o dinheiro e, entre os homens, o que mais tem valor". Aristófanes, em *Pluto* (362-363): "Infelizmente, não se encontra lugar saudável; todos são escravos do dinheiro." Demóstenes também alude ao provérbio na primeira *Olíntica* (I, 20): "Do dinheiro se tem necessidade e sem ele nada se poderia fazer." Aristófanes, de maneira espirituosa, prossegue no *Pluto*, observando que qualquer ação humana, boa ou má, ocorre por dinheiro e que mesmo aos deuses não se oferecem sacrifícios senão por tal motivo. E acrescenta, entre outros, esses versos: "Se existe algo de egrégio ou esplêndido, ou agradável para os homens, apenas de ti provém; pois tudo obedece aos teus poderes." Por isso Horácio define o dinheiro como rei (*Epistolae* I, 6, 36-37): "O rei dinheiro fornece a mulher com o dote, a credibilidade, os amigos, a estirpe e a beleza." Mas ninguém descreveu melhor a tirania do dinheiro do que Eurípedes, por meio de Belerofonte. A tragédia, infelizmente, se perdeu. Por fortuna, Sêneca, em seu epistolário (21), nos transmitiu alguns versos. Por me parecerem belos e argutos, dá-me prazer transcrevê-los aqui. Fiz-lhes, todavia, algumas emendas, já que o texto presente nos códices de Sêneca não estava isento de alterações:

> Deixe que me chamem péssimo, por me chamarem rico. Ninguém pergunta por que e como, apenas perguntam quanto possuis. Em todas as partes do mundo, todos valem pelo que têm. Pergunta-me o que é torpe possuir? Nada possuir. Todos pedem que sejas rico, ninguém que sejas bom. Quanto a mim, quero viver rico ou morrer pobre. Bem morre aquele que morre enquanto lucra. O dinheiro, sumo bem do gênero humano, não pode ser igualado pelo meigo amor de mãe, ou da prole querida ou do pai, que é sagrado por seus méritos. O dinheiro é tão doce quanto uma luz que cintila sobre a face de Vênus, a deusa que move o amor dos deuses e dos homens.

Quando esses versos foram pronunciados na cena da tragédia, diz Sêneca, o público levantou-se para rechaçar os atores e desaprovar o canto, até que Eurípedes, em pessoa, veio ao palco pedir aos espectadores que esperassem o fim que teria o admirador do ouro. Na tragédia, Belerofonte pagou por suas palavras a penalidade que todo homem deve na vida. Dos mesmos versos, que Sêneca traduziu ao latim, encontrei a segunda parte em grego citada por Ateneu (4, 159b-c), sem indicação de autor: "Ó ouro potente, amantíssima invenção dos homens, a ponto de não haver mãe, pai ou filho que tragam tanto contentamento a uma casa como tu trazes a quem te possui. Se os olhos de Vênus brilham tão intensamente quanto tu, não é de admirar que ela assim inspire tantos amores." Neste ínterim, não se pode ficar admirado com o ânimo perverso e desordenado dos homens. Reprovam a sentença de um ator, que numa fábula interpreta uma personagem desprezível, de um drama fruto de fantasia, mas em casa são indulgentes consigo próprios. Quantos, de fato, na própria vida, não pronunciam as palavras que Eurípedes atribui ao personagem? Horrorizam-se ao ouvir no teatro, mas não se horrorizam pelo fato de, na vida, se comportarem exatamente como ele? Que coisa é mais infamante aos olhos de quem quer que seja, me pergunto, e coisa tão desagradável como a palavra "mentira"? Mas do que fazem os homens maior uso? Há algo mais detestável do que perjurar? No entanto, se observarmos desapaixonadamente como os homens vivem, descobriremos que há perjúrio em todos os lugares. Consideremos, por exemplo, o que os príncipes juram a seus súditos, o que os bispos, abades e, finalmente, os próprios cristãos juram no momento do batismo. Confiramos então seus costumes diários com estes juramentos. Constataremos que no mundo circula uma infinidade de perjúrios. E ainda: não desprezamos a palavra "ladrão"? E, no entanto, o mundo é cheio de ladrões, se for verdade que o furto consiste: em tomar o dinheiro de outrem com intento de o não devolver, na recusa em restituir o que lhe foi depositado, no se apropriar com má-fé de uma herança ou de qualquer outra propriedade que não lhe pertence, no enganar um comprador, em subtrair uma parte do que lhe foi confiado, em vender vidro por gema; ou, por fim, em não deixar fugir qualquer ocasião para fraudar o próximo! (*Sed ad proverbia redeo*) Mas volto aos provérbios.

XXVIII [288]

SIMPLES É A PALAVRA DA VERDADE

Ἀπλούς ὁ μύθος τῆς ἀληθείας ἔφυ. Este adágio está registrado na coletânea de Diogeniano. É citado também n'*As Fenícias* de Eurípedes (469-472): "Simples é a palavra da verdade (*veritatis simplex oratio*) e não há necessidade de coincidência de intérpretes; ela encontra por si a justa ocasião. Ao contrário, o discurso iníquo, sendo por essência um discurso malsão, exige remédios refinados." Em sua epístola de número 49, escreve Sêneca: "De fato, como disse o autor trágico, simples é a palavra da verdade." O adágio poderá ser usado contra os retores ou poetas que possuem o hábito de embelezar com mentiras e adulações as próprias palavras, ou ainda contra os aduladores que, falando de modo insincero, com frequência adornam o discurso de maneira exagerada e simulam sentimentos verdadeiros quanto mais distante deles se encontram. "Como os que, contra pagamento, choram nos funerais e se afligem e se agitam mais do que aquele que sofre seriamente" (Horácio, *Ars poetica* 431-432). Ao contrário, a simples e rústica verdade despreza os embelezamentos das palavras e chama de figo ao figo e de enxada a enxada. Ou ainda, será usada contra os sacerdotes que pronunciam os próprios vaticínios com palavras ambíguas para que não possam ficar embaraçados com o que acontecer, e, enfim, contra aqueles que falam de maneira complicada enquanto dissimulam a verdade. De fato, muitas vezes, com base nesse indício, surpreende-se a falsidade como n'*O Eunuco*, de Terêncio (817-819): "Canalha, continuas a falar-me de modo obscuro? Sou, não sou, andei, ouvi, não era... E assim não me dirás abertamente o que há, o que acontece?"

XXIX [301]
NÃO É DADO A TODOS APORTAR EM CORINTO

Non est datum cuivis Corinthum appellere. Este antigo e elegante adágio faz referência *a ações árduas e arriscadas, às quais nem todos os homens aspiram*. Isso deriva do fato de que, como se lê no léxico *Suida* (924)[20], não era fácil nem seguro para os navegantes atracar no porto de Corinto. Estrabão, no livro VIII de sua *Geografia*, refere-se a outra origem do provérbio, em verdade proveniente do luxo e das meretrizes de Corinto. Ostentando dois portos em seu istmo, um voltado para a Ásia e outro para a Itália, Corinto era locupletada por um tráfego extremamente agitado de negociantes. Havia também um templo riquíssimo que abrigava mais de mil jovens que ali se prostituíam. Graças também a essas jovens, afluía à cidade uma multidão de pessoas, o que contribuía mais ainda para seu enriquecimento. Assim, mercadores, viajantes e marinheiros, por causa do luxo e dos prazeres que a cidade oferecia, faziam despesas imoderadas que os consumiam. Daí ter nascido o provérbio: "não é dado a todos aportar em Corinto". Horácio e Aulo Gélio utilizam o adágio em referência a Laíde, uma conhecida prostituta. Em uma de suas *Epístolas* (I, 17, 35), escreve Horácio: "Não é pouco mérito o agradar a príncipes: nem todo homem tem o privilégio de aportar em Corinto. Há quem permaneça imóvel, com medo de ali entrar." Aludia Horácio a Aristipo, que foi, como então sabido, amante de Laíde, tendo relações tais que se vangloriava de ser o único a possuí-la, enquanto os demais eram por ela possuídos. No livro primeiro das *Noites Áticas*, Aulo Gélio relata essa história tratada pelo peripatético Focione: "Laíde de Corinto conseguia muito dinheiro por sua elegância e beleza. Havia uma multidão de homens ricos da Grécia, mas a ela só tinha acesso quem lhe dava o que pedia. E Laíde não pedia pouco. Por isso se diz que ali nasce o famoso adágio grego: 'Não é dado a todos aportar em Corinto', pois em vão se ia a Corinto quem

---

20 Σουίδα ou Σοῦδα: léxico e enciclopédia do período bizantino, provavelmente do século X. É o maior dos léxicos escritos em grego. Inclui cerca de trinta mil entradas de caráter gramatical, etimológico, biográfico, geográfico, histórico, científico e literário. O significado do nome é, ainda hoje, incerto.

não lhe podia pagar." Mesmo Demóstenes visitou secretamente Laíde e lhe pediu uma oportunidade. E Laíde lhe pediu, em troca, μυρίας δραχμάς (dez mil dracmas). Frente à petulância da mulher e da soma tão elevada em dinheiro, Demóstenes ficou pasmado e afastou-se, dizendo que não compraria o arrependimento a tão alto preço (*Aulo Gélio*, I, 8, 3-6). Outros autores preferem retroagir o provérbio às meretrizes em geral de Corinto, cuja rapacidade foi condenada no *Pluto* (149-152), de Aristófanes: "Conta-se que as prostitutas (ἑταίρας) de Corinto quando percebem que lhes procura um pobre desgraçado, não lhes dão atenção. Mas se um rico lhes procura, então logo lhe mostram a bunda (πρωχτόν)." Estrabão recorda também o dito de uma prostituta, do qual podemos entender a ganância por dinheiro de todas elas: um dia, uma mulher reprovou uma prostituta por não realizar nenhuma atividade e por não trabalhar a lã; mas ela disse: "Pelo contrário. Do modo como faço, em muito pouco tempo consigo tecer três panos de uma vez." Todavia, não me parece absurdo que o provérbio remonte originalmente ao perigo de navegar até Corinto, com o qual Estrabão também acena, pois também foi usado de outras maneiras. O personagem cômico do parasita parafraseou elegantemente o adágio nos seguintes termos: "Não é dado a todos os homens aproximar-se do banquete." Esta citação, feita por Estobeu[21], tem origem no poeta cômico Nicolau. O nosso adágio é lembrado ainda por Eustácio[22], em uma explicação sobre catálogo de navios e acrescenta que a origem é um verso de Sófocles: "os mortais judiciosos ali não fazem vela". Este verso se encontra no *Filoctetes*. Assim, o adágio tem duplo uso. Quando se quer indicar uma ação maior do que as forças de quem a intenta, como,

---

21 Escritor bizantino do século v, autor de uma *Antologia* (Ἀνθολόγιον), com citações de escritores gregos desde Homero até sua época.
22 Bispo de Tessalônica (1115-1195), memorialista e comentador de textos antigos, como os de Homero, Aristarco e Ateneu.

por exemplo, uma pessoa dotada de pouco engenho dedicar-se às letras, ou se um homem de corpo doentio pretende emular a vida dos eremitas Paulo e Antônio. Ou ainda, quando alguém se dispõe a meter-se em negócio pouco seguro que dificilmente terá bom fim. Ou se alguém procura fazer fortuna na corte de um príncipe ou conjectura uma guerra. Nenhuma dessas coisas costuma ter êxito e dela não se deva ter arrependimento.

XXX [313]
NEM O NADO NEM AS LETRAS

Neque natare neque literas. Deve-se subentender o verbo saber ou conhecer. Dito a *quem é muito ignorante e não aprendeu qualquer disciplina ensinada na juventude*. De fato, e regularmente, eram essas duas, o nadar e as letras, as artes que as crianças aprendiam em Atenas. E também em Roma, como vemos em Suetônio, que, na *Vida de Augusto*, escreve: "Ele próprio ensinou aos sobrinhos a natação, as letras e outros rudimentos do saber." Suetônio conta ainda que Calígula era muito dotado para a aprendizagem, mas não sabia nadar, como se todos soubessem fazê-lo. Platão diz no terceiro livro das *Leis* (689d): "aqueles que se encontram em estado oposto a esse devem ser chamados sábios, mesmo se não conhecem as letras, como se diz, e nem mesmo sabem nadar". Por fim, Elio Aristide na *Apologia Comum dos Quatro Oradores* (3, 372): "Mas como se diz usualmente, permanece justo repreendê-lo, mesmo não sabendo as letras nem nadar."

XXXI [401]
MUITA COISA ACONTECE ENTRE O CÁLICE E A PONTA DOS LÁBIOS

Segundo Aulo Gélio (*Noites Áticas*, livro décimo-terceiro, cap. 17), o gramático Sulpicio Apolinário[23] observa duas máximas, uma grega e uma latina, com o mesmo significado. O grego é um hexâmetro proverbial: "muitas coisas estão entre o copo e a ponta dos lábios". Ela nos adverte para não esperar que nada seja tão certo ou tão próximo que um evento repentino não possa tirar e que confiar no futuro não é certo, tanto assim que o que temos nas mãos dificilmente é seguro. Alguns relatam a origem da máxima como sendo uma historieta deste tipo: quando Anceu, filho de Netuno e da fenícia Astipalea, estava plantando uma videira, pressionando e molestando fortemente os empregados, um deles, espicaçado pelo incômodo daquele trabalho disse que o patrão nunca iria provar o vinho daquela vinha. Mais tarde, abundantemente crescida a videira e amadurecidas as uvas, o patrão, exultante, fez chamar o servo e ordenou-lhe verter o vinho. Em seguida, antes de levar o cálice aos lábios, parou e quis relembrar ao servo aquilo que ele havia predito. Fez-lhe notar que se tratara de uma vã predição. Mas o servo assim lhe respondeu: "muitas coisas acontecem enquanto se leva o vinho aos lábios". Enquanto o senhor conversava, esperando degustar o vinho, um outro servo entrou na sala e anunciou que o vinhedo estava sendo devastado por um enorme javali. Anceu, tendo ouvido a notícia, deixou imediatamente o cálice de vinho e se lançou ao vinhedo, mas foi golpeado pelo animal durante a caça e morreu. Também Lícofron (ou Licofrão) fez uso deste adágio em *Iambicis*: "Infeliz de mim, que aprendo o mal do provérbio – com frequência, enquanto se leva o vinho aos

---

23 Erudito cartaginês de língua latina, ativo no século II de nossa era.

lábios, muita coisa o destino muda que agita os acontecimentos humanos." O escoliasta de Lícofron observa que o autor do dito teria sido Aristóteles, que lembra o conto de Anceu, mas com variante. Enquanto Anceu estava enxertando a videira, aproximou-se um adivinho que lhe previu que nunca iria provar o vinho daquele cultivo. Ao que Anceu, versando um pouco de vinho em uma taça, riu-se dele, chamando-o de "vate mentiroso". O resto do conto de Aristóteles coincide com o comentário referido. Festo Pompeu atribui a predição a um áugure que habitava nas vizinhanças e se encontrava de passagem. Lícofron (488), por sua vez, atribuiu o conto a diversos personagens. Zenodoto[24], ao contrário, refere o adágio a Antínoo, personagem mencionado por Homero no canto XXII da *Odisseia*. Esse Antínoo era um dos nobres pretendentes de Penépole, a quem Ulisses atravessou a garganta com uma flecha, enquanto tinha na mão um cálice de vinho e se dispunha a bebê-lo. Não é fora de lugar citar aqui os versos de Homero: "Depois de haver assim falado, arremessou o acerbo dardo contra Antínoo. Este levantava o belo cálice com vinho, rebrilhante de ouro, e o tinha entre as mãos, levando-o aos lábios para beber: não imaginava que seria morto. Quem poderia de fato pensar que aquele homem só, embora mais forte do que outros, ousasse levar a morte a alguém justamente quando se encontrava em meio a tantos convidados que lhe eram hostis?" E não me parece inoportuno recordar também a resposta do adivinho Espurina a Júlio César, após este ter-lhe censurado pela inexatidão de seu vaticínio: "Os primeiros dias de março chegaram, mas não são passados" (*Venisse Calendas Martias, non etiam praeterisse*)[25].

24 Há vários autores gregos com esse nome, sem maiores explicações por parte de Erasmo. Provavelmente se trate de Zenodoto Philetairos, autor de glosas sobre textos anteriores à sua época.
25 Segundo Plutarco (*Vida de César*), trata-se do adivinho que avisou Júlio César da conspiração dos Idos de Março, um dia antes do ataque em que o ditador romano foi assassinado.

XXXII [440]
UM SÓ HOMEM É HOMEM ALGUM

Εἷς ἀνήρ οὐδείς ἀνήρ, quer dizer, um só homem é homem algum (*Unus vir, nullus vir*). O sentido deste adágio é o de que *um homem apenas, ou sozinho, nada pode fazer de egrégio, pois se encontra privado de auxílio*. A isso pertence o verso de Eurípedes n'*Os Heráclidas*: "Uma solitária mão não pode combater." E ainda aquela passagem, também de Eurípedes (*As Fenícias* 745): "um só homem não vê tudo". O adágio poderá ter usos variados: o de uma vida amarga se não há um amigo familiar; ao juízo de que não se deve confiar numa só pessoa, ou ao estudo das letras que sem um companheiro e seguidor da mesma musa, é totalmente frio; ou ainda ao desenvolver de qualquer negócio, pois sem o sustento de outrem não pode ser ele levado a bom termo. O adágio foi recolhido por Zenodoto.

XXXIII [441-442]
UM ASNO EM MEIO AOS SÍMIOS
(OU ABELHAS)

Asinus inter simias. Costumava-se dizer quando uma pessoa tola se vê em meio a outras mordazes, mesmo injuriosas, e pelas quais é impunemente ridicularizada. Encontra-se em Aulo Gélio (capítulo 23 do segundo livro), em que o cômico Menandro, numa fábula intitulada "O Colar" (*Plokion*), apresenta um marido que se lamenta da ofensa da mulher com estas palavras: "é, segundo o que diz o vulgo, um asno em meio aos símios". Sabe-se que o macaco é um animal impudente a ponto de não temer a provocação e, agarrado às suas costas, [enfrentar] mesmo o leão. E ainda hoje dizem comumente algo de semelhante: "uma coruja entre os corvos" quando uma pessoa estúpida se percebe entre pessoas mordazes. No entanto, nada impede seu uso em geral quando alguém se depara com um negócio altamente desagradável ou uma desgraça da qual não pode se livrar. Um asno em meio a abelhas tem um significado similar.

XXXIV [516]
SAPATEIRO, NÃO JULGUES ALÉM DA SANDÁLIA

Ne sutor ultra crepidam. Emprega-se para que *não se procure julgar questões estranhas à sua arte e experiência*. Este adágio tem origem no famosíssimo pintor Apeles, de quem Plínio narra este episódio na *História Natural* (livro XXXV, cap. 10): Apeles, quando completava uma pintura, costumava expô-la no balcão, aos olhos dos transeuntes e, escondendo-se atrás da tela, ouvia atentamente todos os defeitos que eram notados. Pois considerava que o povo era juiz mais diligente do que ele. Diz-se que foi censurado por um sapateiro porque havia desenhado poucos furinhos numa sandália. No dia seguinte, o mesmo sapateiro passou e ajuntou à observação do dia anterior um comentário escarnecedor sobre a perna. Apele, indignado, intimou o sapateiro a não ir além das sandálias. O que depois veio a se tornar um provérbio; até aqui, Plínio. Não muito diversa é a anedota contada por Ateneu (8, 351a). Um citaredo, chamado Estratônico, dirigiu estas palavras a um ferreiro que tinha uma objeção à sua música: "não percebes que estás falando para além do martelo? Semelhantes são ainda algumas palavras de Plínio, o Jovem, escritas nas *Epístolas* (1, 10, 4), que só o artista julga corretamente a arte. Também no primeiro livro das obras morais (*Ethica. Nicomachea.*, 1, 1094b), Aristóteles diz que cada um é o juiz ideal nas coisas de que é conhecedor idôneo. E algo de semelhante escreve no segundo livro da *Física* (2, 193a) sobre um cego discutir cores. Palavras que nos dias de hoje se tornaram proverbiais entre os eruditos toda vez que alguém se mete a falar do que não sabe. À mesma ordem de sentenças pertence a de Quintiliano, recordada por Jerônimo (*Epistolae* 66): "felizes seriam as artes se apenas seus artistas as julgassem".

XXXV [520]
NÃO É SÁBIO QUEM NÃO É SÁBIO PARA SI MESMO

Nequicquam sapit, qui sibi non sapit. É uma sentença ainda hoje muito usada pelo povo. Platão, no *Hípias Maior* (283b), diz: "A muitos parece necessário que aquele que saiba seja ele próprio sapiente para si mesmo." Cícero dela se utiliza em uma carta a Trebazio (*Fam.* 7,6, 1-2), mostrando tratar-se da tragédia *Medeia*, porque diz: "E, no momento em que se começa a recitar o papel de Medeia, lembra-te sempre daquele dito – aquele conhecedor que não é capaz de desvelar o que sabe, é sábio inutilmente." As palavras de Medeia citadas por Cícero são um verso trocaico. O próprio Cícero, no livro XIII das *Familiares*, assim escreve a César: "E, portanto, da grandiloquência de Homero passo agora aos preceitos sadios de Eurípedes: odeio o sábio que não é sábio para si mesmo. Verso que o velho Precílio louva como excelente." Ainda Cícero, citando algumas palavras de Ênio contra os adivinhos, no livro *De divinatione* (132): "Por si próprios não sabem, mas a outros indicam o caminho. Prometem riquezas àqueles a quem pedem dinheiro." Alexandre (Plutarco, *Alex.* 53, 1-2) remonta o adágio ao filósofo Calístenes que não se adaptava aos costumes das pessoas com as quais vivia e mostrava desprezo pelo modo de vida do séquito do rei. E aquela liberdade levou à morte um homem de valor, enquanto o filósofo Anaxarco, o mais abjeto dos aduladores, era apreciado. Os homens dessa época aderem plenamente à sentença: de fato, parece indigno do nome de homem aquele que não é capaz de discernimento e de dar-se o próprio bem. De mesmo gênero é o verso de Suetônio: "Rômulo, observa Silla – ele é feliz por si, não por ti."

XXXVI [561]
MOVES O QUE NÃO DEVE SER MOVIDO

Ακίνητα κινεις, isto é, *non movenda moves*. Refere-se àqueles que tentam algo impossível (αδύνατον), violam o sagrado, mudam os pactos ou, enfim, ofendem pessoas às quais se deve respeito por sua autoridade. Zenodoto afirma que o provérbio nasceu da proibição de transferir de lugar os altares, os sepulcros e outros sítios de culto, pois a eles era devido respeito por razões religiosas. Plutarco, no opúsculo *De daemonio Socratis*, afirma que aquelas palavras – não mover o inamovível – foram pronunciadas pela primeira vez quando endereçadas a um indivíduo que evocava o espírito de um amigo defunto (*evocanti manes amici defuncti*). O mesmo Plutarco usa tal expressão, em outro lugar (*Moralia* 585f e 756a-b), para indicar o quanto subverteram a opinião comum sobre os deuses. Também Platão se recorda do adágio nas *Leis* (livro VIII), referindo-se a uma norma que ele define como "lei de Zeus relativa às fronteiras", segundo a qual ninguém deve mover os limites do campo de um cidadão ou hóspede vizinho, e ninguém, da mesma forma, deve tocar nos limites de uma cidade ou região. E acrescenta: é preferível mover uma pedra enorme a mover uma pedra colocada em um determinado lugar com base em um pacto ou em um juramento. Isso, conclui Platão, significa de verdade que não se deve mudar o inamovível. Ainda no livro XI das *Leis*: "Entre muitas coisas, uma diz oportunamente – não tocar no inamovível." Em um epigrama da *Antologia Palatina* (7, 239), pode-se ler: "nem mesmo a senhora do Hades toca o inamovível". E Sófocles na *Antígona* (1060): "Coagiste-me a falar de coisas nas quais seria melhor não tocar." E no *Édipo em Colono*: "Não é doce falar aos ouvidos de coisas que deveriam ser caladas." Plutarco (*Moralia* 43d e 502d), por sua vez, usa essa expressão: "Uma cupidez que toca cordas que não deveriam ser movidas." Um oráculo relembrado por Heródoto alude elegantemente a este adágio: "Moverei inclusive Delos, que, no entanto, está imóvel." Este oráculo faz referência à fábula, ou, caso se prefira, à história de Delos, que na origem flutuava no mar até que deixou de vagar por vontade de Apolo. Daí Virgílio (*Eneida* 3, 77): "Consenti-lhe estar imóvel e desprezar o embate do vento."

XXXVII [602]
ESTAR SENTADO EM DUAS CADEIRAS

Duabus sedere sellis. Significa assumir uma posição incerta e ter uma fé ambígua, desejando satisfazer a ambas. Homero chama o deus Marte com este apelativo propositadamente composto – αλλοπρόσαλλον – ou seja, a favor de um e de outro (ora de gregos, ora de troianos). Conta Macróbio nas *Saturnais* (7, 3, 8): "O mimo Labério, nomeado senador por César, respondeu de modo bastante mordaz a Cícero; como este não lhe permitia sentar-se ao seu lado, dizendo 'eu te acolheria se não tivéssemos tão pouco espaço para sentar', disse-lhe: 'no entanto, tu costumavas sentar em duas cadeiras', censurando assim um grande homem por escorregar em terreno resvaladiço." Mas as palavras de Cícero – "se não tivéssemos tão pouco espaço para sentar" – eram dirigidas a César, que admitira tantas pessoas no senado que nos catorze degraus do salão já não podiam caber. Por outro lado, todos concordam que é sumamente torpe fazer acordo com duas partes opostas. Sólon, no entanto, apresentou uma proposta de lei para punir quem, em conflitos civis, não sustentasse qualquer das partes em litígio.

XXXVIII [607]
NEM TODOS QUE POSSUEM UMA CÍTARA SÃO CITARISTAS

Non omnes qui habent citharam, sunt citharoedi. Marcos Varrão, no segundo livro *Sobre a Agricultura* (2, 1, 3), faz conhecer uma metáfora um pouco diferente: nem todos que possuem uma cítara sabem tocá-la. Ao mesmo tema se pode associar aquilo que argutamente escreveu Sêneca, segundo o qual alguns preferem a máscara ao rosto (*quendam personam malle quam faciem*). Quando escreve "o rosto", entende o fato de aparecer como realmente se é; "máscara", ao contrário, o mostrar-se como não se é. Isso pode se referir também aos avarentos, pois não se consideram ricos os que possuem riqueza, mas quem sabe usá-la adequadamente. Não é rei aquele a quem cabe um grande império, mas quem sabe bem administrá-lo.

XXXIX [613]
A IRA ENVELHECE TARDIAMENTE

Ira omnium tardissime senescit. É o oposto do famoso apotegma de Aristóteles que, como nos conta Diógenes Laércio (5, 18), quando questionado sobre qual coisa envelhece mais rapidamente, respondeu: "o benefício". Cícero, juntando ambas as sentenças, disse (*Pro Murena* 42): "Aquilo que agrada será esquecido; o que desagrada será lembrado." De fato, os mortais costumam recordar, de maneira mais tenaz, as injúrias, ao passo que esquecem mais facilmente os benefícios. O provérbio grego parece ser tirado de Sófocles, que em *Édipo em Colono* diz essas palavras: "A ira não conhece a velhice, exceto a morte; a dor só não atormenta os sepultos." O mesmo tema é mostrado por Homero em alguns versos belíssimos sobre Litis e Ate. Ele imagina que a deusa Ate tivesse o hábito de provocar tumultos entre os homens, sendo dotada de olhos penetrantes e de pés velocíssimos. Depois dela, a uma certa distância no tempo, sobrevieram as Preces, que se esforçaram por reparar os danos trazidos por Ate. As Preces são representadas por Homero com olhos estrábicos e pés claudicantes, com o que o poeta queria aludir ao fato de que as ofensas são sempre rápidas e as reconciliações bem mais lentas, pois os homens recordam com mais frequência as injúrias. Eis os versos de Homero, livro nono da *Ilíada* (502-506). Traduzo aqui não a índole nem a graça, mas o significado: "As preces nasceram do grande Saturno, / enrugadas, de pés claudicantes e olhos lesados: / vão atrás de Ate para expiar seus danos. / Ate, ao contrário, tem os pés fortes, vigorosos, / e assim as precede com celeridade. / Chega primeiro a todos os lugares, / fazendo mal aos homens; depois, seguem-lhe as preces / para remediar os males feitos por Ate."

XL [617]

NO VINHO, A VERDADE

Εν οϊνω άλήθεια, ou seja, *in vino veritas*. É um adágio muito citado pelos autores, significando que a embriaguez tolhe no ânimo a capacidade de simular e traz à tona tudo o que temos de oculto no peito. Daí as sagradas escrituras proibirem servir vinho aos reis, pois quando domina a ebriedade nada mais permanece em segredo. Plínio, no livro décimo-quarto da *História Natural* (141), escreve que o vinho revela a tal ponto os arcanos da mente que os homens, em meio a copos de vinho, confessam segredos que levam à morte, incapazes de conter sentenças que mais tarde terão de retirar. "Comumente", acrescenta, "a verdade é atribuída ao vinho." É conhecido também o apotegma imputado a um certo persa que sustentava que não era preciso recorrer a torturas para se apurar a verdade; ela pode ser melhor descoberta com o vinho, com o que [sob outro aspecto] concorda Horácio (*Odes* 3, 21, 13-16): "Delicadamente, se dirá, fazes violência ao engenho arisco; revelas, com o auxílio do alegre Lieo[26], os cuidados dos sábios e seus pensamentos arcanos." E na *Arte Poética* (434-436): "Os reis, se diz, enchem de taças e torturam com muito vinho a quem não distinguem ser digno de amizade." E numa das epístolas (I, 5, 16): "O que a embriaguez não designa? Descobre segredos." É expresso por Ateneu, mas do seguinte modo: "vinho e verdade". Bem visto, os bêbados não revelam apenas os próprios segredos, mas falam de maneira audaciosa diante dos outros. Na *Vida de Artaxerxes* (15, 4), de Plutarco, Esparamixas assim responde a Mitridate, que lhe havia falado de modo bastante insolente durante sua embriaguez: "Pelo menos, não tenho qualquer hostilidade, Mitridate, pois como dizem os gregos, o vinho é verdade." Os gregos ainda usavam esta outra sentença proverbial: "O que está no coração (χαρδία) do sóbrio, está na língua (γλώσσης) do ébrio." Teógnis (499-500): "O artesão distingue o ouro e a prata com fogo; o vinho torna conhecida a índole do homem." Ateneu (10, 427f) também cita este verso, empregado por Eurípedes[27]: "A forma reluz no bronze, o vinho revela o sentimento." Mas o mesmo Ateneu

---

26 Causador de alegria, ou seja, o vinho.
27 Na verdade, de Ésquilo.

se refere a um dito de Anacársis (livro 10): "Os embriagados ferem com falsas opiniões." E em seguida narra um episódio cuja lembrança não é desagradável. Durante um simpósio, um conviva disse a Anacársis que ele havia se casado com uma mulher feia. Respondeu o filósofo, prosaicamente: "Também assim a vejo. Mas, ei, copeiro, dê-me uma taça de vinho puro para que possa vê-la formosa." Logo, não só ao amante, mas também ao ébrio, parecem belas as coisas feias, como dizia Teócrito (6, 19). Mas como pode então dizer a verdade quem, ao mesmo tempo, engana-se no julgamento das coisas? O fato é que a noção de verdade nem sempre refuta a de mentira; mas, por vezes, à de simulação. Pode acontecer que fala de modo sincero quem, no entanto, diz coisas falsas, e diga coisa verdadeira quem fala de maneira insincera. Em suma, o provérbio não faz referência à embriaguez insana, que faz ver em movimento coisas imóveis e multiplica as simples, e sim à embriaguez moderada, que arrebata a simulação e a hipocrisia. Como diz Alcebíades, no *Banquete* de Platão (217e): "Vós não ouvireis o que vou dizer antes de haver lembrado o conhecido provérbio: o vinho, mesmo na ausência ou na presença da juventude, diz a verdade." Ainda hoje é bastante lembrado o provérbio segundo o qual a verdade só é ouvida de três gêneros humanos: das crianças, dos embriagados e dos loucos. Nesse ponto, que se registre um versículo proverbial: "A língua dos loucos diz com frequência a verdade." De fato, tende-se a acreditar como verdadeiro aquilo que a imprudência deixa escapar, pois nesse caso não há suspeita de ficção. De um erro dessa natureza deriva ainda a revelação de uma absoluta fidelidade. Como diz Hesíodo (*Her.* 8, 115-116): "Com frequência, em lugar do nome de Neoptólomo, ouço o nome de Orestes, e amo aquele erro de voz." Por fim, Cícero escreve (*Tópicos* 75) que se pode esperar boa fé da idade infantil, do sono, da estultícia, da embriaguez e da loucura.

XLI [642]
O BÍPEDE MAIS INEPTO

Bipedum nequissimus, ou seja, um homem sem qualquer valor, grandemente desprezível (*homine vehementer improbato*) e talvez o mais inútil entre os animais. Foi dito a propósito de um orador de Roma chamado Regolo, que Plínio, o Jovem, em suas *Epístolas* (1, 5) retrata várias vezes, referindo-se a esse provérbio. Mas Cícero o havia lançado contra Clódio na oração *Em Defesa de Sua Casa* (*Pro domo sua*): "Tu arruinaste a República com esse proscritor, conselheiro, ministro, o mais desprezível de todos os bípedes, e mesmo dos quadrúpedes." O imperador Alexandre Severo serviu-se de palavras análogas, segundo Elio Lamprídio (*Historia Augusta* 18, 9, 4): "Pouco tempo faz, pai, recorda-te, quando o mais abjeto não só entre os bípedes, mas também entre os quadrúpedes, ostentava o nome de Antonino." Severo faz aqui referência a Heliogábalo, o mais efeminado entre os imperadores, aquele que se podia descrever como o romano Sardanapalo. Neste discurso, a generalização do nome deu às próprias palavras uma nova ênfase, assim como se disséssemos "nenhum animal" para dizermos "homem algum".

XLII [663]
A MUDANÇA ESTÁ EM TODAS AS COISAS

Terêncio na peça *O Eunuco*: "A mudança está em todas as coisas" (*Omnium rerum vicissitudo est*). Esta sentença significa que nada é eterno, nada é estável nas coisas dos mortais, mas tudo vai e vem como água de um estuário, com fluxos e refluxos. Em razão dessa vicissitude de fortuna, ocorre que passam de mão em mão os impérios, as riquezas, a glória, os prazeres, os saberes; em resumo: qualquer coisa benéfica ou danosa. Sófocles descreve com elegância no *Édipo em Colono* (607-615) as mudanças a que estão sujeitos os acontecimentos humanos. Traduzo aqui o conteúdo desses versos: "Só aos deuses / jamais cabe a velhice e a morte: / tudo mais se conjuga, impotente, face ao tempo. / Isso faz com que a terra perca força e solidez / e, de modo semelhante, o vigor de nosso corpo. / Morre a fé e, ao contrário, a perfídia germina. / E jamais o mesmo ânimo / dura entre os amigos / ou entre as cidades permanece. / Para estas, subitamente, para aqueles em pouco tempo, / amargo e triste se tornam o que era agradável / e, inversamente, grato o que era penoso." Como escreve Homero no livro VI da *Ilíada*: "a vitória cabe ora a um, ora a outro". Ou no livro XVIII (309): "Na guerra em comum, morre quem matou." Não é descabido omitir aqui uma belíssima imagem do mesmo poeta a respeito dos dois jarros, nos quais Júpiter mistura os acontecimentos dos homens. Os versos pertencem ao último livro da *Ilíada* (24, 527-530): "Na soleira da casa do Deus há dois jarros / plenos de dons que ele concede aos homens. / Num deles, os bens, n'outro os males. / Zeus, que se alegra em dispensar os agudos raios, / Num momento distribui o mal e a tristeza, n'outro os bens." O provérbio parece ter saído de um mote de Esopo. Segundo Diógenes Laércio (1, 69), quando lhe perguntaram o que fazia Júpiter, respondeu: "Abate o que é excelso e eleva o que é humilde" (*Deprimit excelsa et tollit humilia*). Eurípedes no *Íon* (969): "As coisas são de tal modo entre os mortais que nunca duram no mesmo estado." E nas *Suplicantes* (331): "A fortuna tudo muda em seu contrário." Teógnis nas sentenças (157-158): "Zeus faz pender a balança ora para este, ora para aquele, de modo que ora sejas rico, ora nada mais possuas." Aqui Teógnis alude a uma passagem do livro VIII da *Ilíada*, na qual Zeus avalia o fado de gregos e troianos, usando uma balança. Sempre ao redor de nosso provérbio, deve-se recordar o versículo: "Variadas mudanças governam as coisas dos mortais." Celebrado é o dito "os acontecimentos humanos são como um círculo" (κύχλος τά άνθρώπινα), como se seguissem a trajetória de uma circunferência, da mesma maneira que a fortuna faz girar a roda. Píndaro, no *Terone* (*Olímpicas* 2, 33-34): "Aos mortais ocorrem, alternadamente, coisas belas e tristes."

XLIII [723]
ALGUÉM DIGNO DE SE JOGAR ÀS ESCURAS

Quem era de fé [ou de confiança] absolutamente certa, diziam que era digno de, com ele, se jogar às escuras (ou no escuro) – *Dignus quicum in tenebris mices*. Cícero, no terceiro livro *Dos Deveres* (3, 77): "Talvez não seja torpe de que disso duvidem os filósofos, coisas das quais nem mesmo os camponeses duvidam. Destes últimos surgiu o que, como provérbio, já é antigo e usual. De fato, quando louvam a probidade e a lealdade de alguém, dizem que 'se poderia jogar com ele às escuras." Também no livro II *De finibus bonorum et malorum* (Dos fins do bem e do mal): "Por que a justiça é louvada? Talvez por ser verdade o velho e usual provérbio de alguém com quem se possa jogar às escuras?" *Micare* significa, por outro lado, um certo gênero de jogo que ainda hoje sobrevive entre os italianos, no qual os jogadores estendem os dedos e cada um dos participantes deve adivinhar o número formado. Cícero volta a lhe fazer menção no livro II *Da divinação*: "O que é a sorte? Quase a mesma coisa que jogar o *micare*, jogar os dados." O fato é que, jogando às escuras é-se livre para enganar, caso se queira. Por isso se diz "digno de se jogar às escuras" para aquele que é de confiança indiscutível, a tal ponto que, nem mesmo se pudesse fazê-lo, enganaria com mentiras. Os gregos têm uma sentença similar: "Neste se pode crer, mesmo que não jure." Digno é aquele em que há fé, ainda que sem juramento. E há o seu contrário: "Nem mesmo com juramento poderia nele acreditar."

XLIV [729]
NUMA DAS MÃOS, CARREGA PEDRA; NA OUTRA, MOSTRA O PÃO

Altera manu fert lapidem, altera panem ostentat. Diz-se daqueles que, de frente elogiam e pelas costas caluniam; que se comportam publicamente como amigos e, às escondidas procuram prejudicar; ou ainda, aqueles que aqui beneficiam e ali fazem mal; dão a falsa esperança de um benefício apenas para arruiná-lo completamente quando a ocasião aparece; diz-se que estes carregam pedra em uma das mãos e, na outra, é o pão que ostentam. O adágio transfere o gesto de alguns que atraem os cães com pão e lhe atiram uma pedra quando ele se aproxima. Euclione, personagem da *Aulularia* (195) de Plauto: "Enquanto promete, golpeia; admira o ouro, para dilapidá-lo. Numa das mãos, atira a pedra e, na outra, oferta o pão." O divino Jerônimo a Rufino: "Preferi lamentar-me a ti do que, ofendido, agredir em público, a fim de que tu compreendas que, de modo honesto, cultivo a amizade restabelecida entre nós e não trago pedra numa das mãos e na outra o pão, conforme a sentença plautina." Algo similar pode-se ler no teólogo Gregório de Nanzianzo (*Epistolae* 16, 6), em carta endereçada a Eusébio, bispo de Cesareia: "Da mesma maneira como alguém, com uma das mãos, coçasse a cabeça de uma pessoa, e com a outra lhe ferisse o rosto" (*Perinde quasi quis eiusdem viri altera manu scabat caput, altera malam feriat*).

XLV [791]
DUAS VEZES DÁ
QUEM DÁ PRONTAMENTE

Recordo de haver lido em Sêneca, se não erro: *bis dat, qui cito dat*. Idem no segundo livro *Sobre os Benefícios*: "Ingrato é o benefício que permanece preso entre as mãos do doador." Este adágio nos ensina a ajudar os amigos no momento da necessidade, espontaneamente, sem incômodos e o quanto se possa, antes do pedido. Entre os epigramas gregos, há registro do seguinte dístico sob o nome de Luciano: "Os mais doces benefícios são os mais velozes; quando tardam, as dádivas perdem o sentido e não são mais apreciadas." Para o latim não é facilmente vertido, porquanto o aspecto mais agradável e arguto do epigrama é dado pela palavra χάρις (*karis*), que em grego significa tanto dádiva quanto graça. No sentido de graça, o vocábulo pode indicar apenas o favor de uma doação, mas pode aludir à graça, entendida como divindade. Ausônio cita em grego uma sentença similar: "Um benefício tardio é ingrato."[28] Também o verte, explicando, nesses termos: "Uma dádiva demorada não dá prazer, pois um benefício quando vem prontamente é a graça mais aprazível." Por isso, Heitor, no *Reso* de Eurípides, despreza e deplora a ajuda tardia aos amigos: "Odeio socorrer os amigos com atraso." Documenta-se uma sentença assemelhada (*Publilio Siro* – 235) que não é grosseira: "É duas vezes apreciada a ação prontamente oferecida." E outro verso ainda bastante semelhante: "Dá-se duas vezes o benefício rapidamente dado a quem o necessita."

---

28 Ingrato num dos sentidos da palavra latina vertida, isto é, na ausência de prazer.

XLVI [820]
UMA ÁGUIA ENTRE AS NUVENS

Αετός έν νεφέλαις, ou seja, *aquila in nubibus* é na maioria das vezes interpretada como um grande empreendimento não fácil de ser alcançado; mas, além disso, aquele que de longe se distingue entre os demais. Assinala Aristófanes n'*Os Cavalos*: "Alegro-me do renome, porque, certamente como a águia, alcançarei as nuvens." São palavras prenunciadas pelo coro dos atenienses relativas ao domínio do mundo inteiro. Pouco depois, na mesma comédia encontramos prenunciado este oráculo: "Sê como a águia, e domina sobre toda a terra." Dito com referência ainda ao povo de Atenas, mencionando sua vã expectativa de domínio. Ainda Aristófanes em *As Aves*: "Serás uma águia entre as nuvens." Os intérpretes advertem que o poeta alude ao oráculo vaticinado aos atenienses. Esse dizia que eles teriam ultrapassado as outras cidades, tanto quanto uma águia que entre as nuvens encontra-se mais alta do que os outros pássaros. Píndaro, nas *Nemeias* (3, 83), de quem extraímos o título deste adágio, chama-se "uma águia" e a Baquílides, que o imita, "um corvo". O poeta entende que entre eles haveria, certamente, um grande intervalo a superar: "A águia é veloz entre os pássaros e sobrevoando ao longe repentinamente captura a presa cruenta. O corvo, ao contrário, se nutre ao solo."

XLVII [839]
PELO FRUTO RECONHEÇO A ÁRVORE

Εχ τοϋ χαρποϋ τό δένορον γινώσχω, isto é, *De fructu arborem cognosco*, o que se entende por *conheço um homem por suas ações*. Esta parêmia aparece com evidência também nos Evangelhos. Uma veste sórdida, uma cabeça raspada, o jejum, a oração, uma feição severa: são as folhas que com frequência mentem, assim como mentiu ao Cristo aquela famosa árvore, a figueira. Ao invés, tolerar com paciência uma infâmia para a glória de Cristo, querer bem a quem quer mal e não responder às ofensas, esses são os frutos de uma boa árvore [cristã]. São tais ações cumpridas com constância e ardor as que revelam um ânimo sincero. A simulação não pode ser duradoura; mais cedo ou mais tarde cede à natureza e mostra a doença oculta na alma.

XLVIII [867]
UMA FOME SAGUNTINA

Saguntia fames é um dito semelhante ao de *uma fome de Melo* (da ilha de Melo, assediada pelos atenienses). A história é relembrada por Tito Lívio (21, 6, 15), Valério Mássimo (6, 6) e por Cícero, nas *Filípicas* (5, 27). Sagunto era uma cidade espanhola situada para além do rio Ebro, federada aos romanos. Os saguntinos, em razão do assédio dos púnicos (cartagineses), estavam reduzidos a uma fome extremada; decidiram erigir na praça do mercado uma fogueira e ali jogar todas as coisas que possuíam de preciosas e, depois, a si próprios e a seus filhos para não caírem em mãos hostis. Ausônio escreve: "Agora, agora, uma fome saguntina me devora." Aquilo que induzia ao desmaio por fome intensa ou já intolerável, os gregos diziam λειποθυμιαν (*lipothymian*); e o verbo Βουλιμον (*bulimon*) era usado para aqueles cujo ânimo já se ressentia de deficiências por inédia[29]. Aristóteles (*Problemata* 8, 9, 887b) usa o verbo quando os homens procuram víveres nos meses de inverno e de frio. O que

---

29 Falta de alimentos.

Aristóteles descreve como bulimia, Teodoro traduz como "fome canina" (*famen caninam*). Era costume frequente entre os gregos "remover" (*eicere*) a fome com um ramo verde e os dizeres: "Fora fome, que entrem as riquezas e a saúde."

XLIX [925]
O SUPREMO DIREITO
É A SUPREMA INJUSTIÇA

Summum ius, summa iniuria. Significa estar maximamente afastado da equidade, com máxima pedanteria, quando alguém se agarra à letra da lei (*haeretur legum literis*). "Supremo direito" indica, com efeito, aferrar-se às palavras do código e não observar o que pretendia dizer aquele que o escreveu [ou aqueles que o escreveram]. No direito, as frases e as palavras são apenas o seu invólucro (*legum summa cutis est*). Na oração "Em Defesa de Murena" (25), Cícero zomba, com elegância e riqueza de argumentos, da estupidez típica de alguns intérpretes por demais escrupulosos das leis. Terêncio (*Heautontimorumenos* 795-796): "É verdade, Cremo, o que se diz: o supremo direito com frequência é a suprema malícia."[30] Cícero no primeiro livro *Dos Deveres* (33): "Por isso, o dito 'o supremo direito é suprema injustiça' tornou-se uma expressão proverbial." Columela[31], por sua vez, no primeiro livro *Trabalhos de Agricultura* (7,2): "Não devemos pretender para nós tudo o que é lícito. Os antigos consideravam que a suprema injustiça fosse o tormento máximo." No livro XLV dos *Pandectas*, sob o título *De verborum obligatione* (*Sobre o Vínculo das Palavras*), capítulo "*Se o*

---

30 Malícia no sentido latino de maldade, aliada à astúcia.
31 Lúcio Moderato, dito Columela, autor de tratados sobre agricultura (4-70), entre eles o aqui citado *Res rustica*.

Servo Stico", Celso, o jovem, escreveu a respeito da questão do bem e da equidade [ou justo]: "em cujo gênero, na maior parte sob autoridade da ciência jurídica, erra-se perigosamente". Também o jurista Paulo, no livro L, sob o título *De regulis iuris* (Das Regras [ou Princípios] do Direito), escreve: "Em tudo, mas acima de tudo no direito, é a equidade que se deve considerar." Metáfora assemelhada figura no primeiro livro *Da Ira*, no qual diz Sêneca: "Se percebes o fato de que a maldade não provém do alto, mas da superioridade que se adere à alma."

L [974]
CONVERSAS DETURPADAS CORROMPEM OS BONS COSTUMES

Corrumpunt mores bonos colloquia prava. [Ou, ainda, as más companhias corrompem os bons costumes.] A essa ideia pertence o senário de Menandro, que o divino apóstolo Paulo acrescentou na primeira epístola aos coríntios: "O dissoluto contamina os bons costumes da vida em comum." Tertuliano (*Ad uxorem* 1, 8, 4) endereçou os versos à mulher, com a liberdade digna de uma comédia latina: "Convive, responde ele, com os que se relacionam dignamente com Deus e lembra-te do versículo santificado pelo apóstolo – os unidos ao mal corrompem os bons costumes." Aristóteles refere-se a uma sentença similar em sua *Ética a Nicômaco*, livro IX. E que seja celebrado este senário grego: "tu mesmo crescerás mau, se com os maus conviveres". Além disso, embora tenha propósito diverso do até aqui visto, não devo evitar o que Sêneca escreve em *Da Ira*, livro III. Se não pertence inteiramente a essa declaração proverbial, é proveitoso para dispor a vida: "Escolher atentamente os costumes. Assim como o contato corporal de certo modo transmite os vícios, da mesma maneira o espírito contagia o seu próximo com os males. Um bêbado leva quem lhe está ao lado a exceder-se no vinho. A companhia dos descarados debilita mesmo o homem forte, se assim é lícito dizer-se. A avidez por dinheiro transfere seu vírus[32] aos próximos. A conduta da virtude é a mesma, mas na razão inversa, mitigando tudo com que entra em contato. Nem para a saúde têm sido benéficos uma região temperada e um clima salubre como para a alma inconstante frequentar um grupo idôneo de pessoas melhores. Entenderás o poder que esta coisa tem se vires que mesmo os animais se tornam domesticados vivendo conosco, e que nenhuma besta feroz retém sua violência se há muito tolerou a coabitação com o homem"; palavras de Sêneca. Além disso, assim como todo encontro com o próximo é de grande importância para corrigir ou depravar a mente dos mortais, tem valor sobretudo a palavra, que, de fato, extraída daquelas regiões arcanas da alma, traz consigo uma certa força genuína e oculta, ou *enérgheia*, para dizer-se melhor com o termo grego, que penetra no coração do ouvinte instilando um veneno se for pestilenta, ou remédio eficaz se for salutar. Por isso, lembro que até este momento não li qualquer apotegma que me pareça comparável àquele que Johannes Coletus, homem igualmente incorruptível e erudito, dizia com frequência: "Somos tal qual nossas conversas cotidianas, e nos tornamos aquilo que frequentemente ouvimos." E o que dizia das frequentações, pode-se dizer dos estudos. Quem passa a vida estudando as línguas pagãs, termina por se tornar pagão. Quem não lê senão autores obscenos, irá adquirir costumes obscenos. Pois as leituras são, propriamente, uma forma de companhia.

---

32 *Virus*, no original (*virus suum transtulit*), significando secreção venenosa, algo maligno.

LI [1002]
PEDETENTIM

Κατά ποδός Βάσιν, ou seja, *a passo de boi*, diziam os gregos o que os latinos reescreveram *pedetentim*, quando alguém aborda um assunto ou negócio sem precipitação ou de maneira inconsiderada, mas devagar e ponderadamente, gerindo-o mais com arte do que com ímpeto. Trata-se, portanto, de uma expressão para quem avança com cautela e sonda o caminho [ou a situação] sobre o gelo ou o solo escorregadio. Terêncio no *Formião* (552): "Os deuses cumprem aquilo que desejas, ainda que *pedetentim*." Quintiliano (*Institutio oratoria* 5, 7, 20): "Mas se, como dissemos no segundo ponto, o advogado não souber qual a intenção da testemunha, deve interrogá-la gradualmente, ou, como se diz, *pedetentim*." Alessi, escritor de comédias, quando já em idade senil, caminhava lentamente e alguém lhe perguntou o que fazia; respondeu: "morro a passo de boi"[33]. Observa Cícero no livro I *Dos Deveres*: "Em caso contrário, deve-se agir com cautela e *pedetentim*." Idem na oração em defesa de Quinzio (51): "Os homens de bem, quando abertamente enganados, quando não é possível ter uma prova, se afastam com cautela, *pedetentim*, constrangidos pela força e pela necessidade, contra a vontade, sem muitas vezes comparecerem em juízo, pois com frequência [encontram-se] defraudados e desiludidos."

LII [1021]
AVE RARA

Avis rara se dizia de alguma coisa muito nova ou de uma descoberta muito rara. Pérsio (1, 45-46): "Se por acaso algo

---

[33] Citação devida a Estobeu, que a retirou de um livro perdido de Aristóteles. (N. do A.)

de conveniente ocorre, isso é uma ave rara." E Juvenal (6, 165): "Uma ave rara na terra, assim como um cisne negro." Ou ainda (7, 202): "Mais raro do que um corvo branco." A alegoria é tomada de aves peregrinas e inusitadas que algumas vezes sobrevoam nossa região e parecem trazidas por um vento milagroso. Daí que, em Aristófanes, se repete: "De onde vem esta ave"? [ou ainda, que ave é essa?], referindo-se a um hóspede ou forasteiro desconhecido.

LIII [1104]
O ASNO QUE CARREGA OS MISTÉRIOS

Ονος άγων μυστήρια, ou seja, *asinus portans mysteria*, se dizia daquele que se encarregava de um ofício além de sua capacidade de tratá-lo ou de geri-lo (*qui praeter dignitatem in munere quopiam versabatur*). Aristófanes, nas *Rãs* (159-160): "Por Zeus, sou verdadeiramente um asno carregando os mistérios, mas não suportarei por mais tempo essas coisas." Um intérprete desse verso afirma que o adágio nasceu do fato de que os objetos dos ritos de Elêusis eram transportados no dorso de burros. Enquadra-se ainda muito bem naqueles que fazem um trabalho útil para os outros, obtendo somente incômodos para si, como se alguém levasse a outros alimentos que não lhe seriam permitidos comer. A este mote faz referência Apuleio (*Metamorfoses* 8, 27) quando finge ser um asno que transporta a deusa Ceres. O Suida diz que Demon se refere à pedra molar que os gregos chamam de "asno", porque são usados para colocar guirlandas de flores nas mós sagradas do trigo. Este provérbio, portanto, é elegantemente dirigido àqueles que recebem honra sem merecê-la, como quando o título de médico, o píleo[34], o

---

34 Chapéu ou adereço de cabeça usado pelos antigos romanos em cerimônias religiosas ou cívicas especiais.

anel e outros sinais distintivos similares são atribuídos a pessoas sem qualquer doutrina.

LIV [1102]
O CANTO DAS ANDORINHAS

Χελιδόνον μουσεια, isto é, *hirundinum musea*. Aristófanes, nas *Rãs*: "Essas coisas são ninharia e tola tagarelice, cantos de andorinhas, corruptoras da arte." O intérprete das *Rãs* adverte que o objeto do provérbio são os excessivos faladores ruidosos, assim como as andorinhas que, com seu alarido desprovido de graça, dão aos ouvintes mais irritação do que prazer. Esta ave, de fato, é pouco canora e chilreia de maneira a incomodar. Por isso, os pitagóricos consideraram que ela merecia ser o símbolo da loquacidade, impedindo-se inclusive de tê-las sob o telhado. É um adágio bem usado para poetas indoutos, oradores de palavreado inútil ou para homens que deblateram de modo desqualificado.

LV [1407]
LEVAR LUZ AO SOL

Soli lumen inferre. Quintiliano, no livro x de sua *Instituição Oratória*, no capítulo em que trata dos modos de argumentação, serve-se de uma imagem bastante semelhante. Ele escreve: "Diz-se que leva luz ao sol *aquele que se esforça por demonstrar algo já evidentíssimo por si.*" É análogo àquele que já recordamos em outro lugar: emprestar luz ao sol. Semelhante é o provérbio Acendes a lâmpada ao meio--dia – *Lucernam adhibes in meridie*, ou seja, "fazes fora do tempo certo" ou "explicas o que já é claríssimo". Para que servem lâmpadas onde há muita luz natural? Pode ser que a sentença tenha nascido de uma ridícula anedota de Diógenes que, tendo acendido uma lâmpada em pleno dia, lhe foi perguntado o que queria; e respondeu: "procuro um homem" (Ανθρωπον ζητω), como dá testemunho Diógenes Laércio.

LVI [2(7)]
NÃO DEVORES TEU CORAÇÃO

Μη έσθιειν τήν καρδίαν, ou *Cor ne edito*, isto é, não angustiar a alma com preocupações, assim o explica Demétrio de Bizâncio por intermédio de Ateneu (*Deipnosofistas*, Banquete dos Sábios, 10, 452b). Em outras palavras, convida-nos a não abreviar a vida com uma atitude ansiosa. De fato, Aristóteles explica no terceiro livro d'*As Partes dos Animais* (666 a 7) que o coração é a fonte de todos os sentidos, da vida e do sangue. Aristófanes, n'*As Nuvens*: "porém, mordendo-me o coração, por assim dizer". De modo similar, Teógnis (910): "me corroo na alma e me combato no coração". A imagem original parece ter sido tirada de Homero (*Ilíada* 6,201): "mas ele certamente perambulou por campos desertos, devorando seu coração pelos pesares e evitando rastros humanos". Igualmente na *Odisseia* (9, 74s): "detemo-nos aqui por dois dias e duas noites seguidas, roendo o coração pelos pesares e pela fadiga". Idem na *Ilíada* (1, 243): "tu roerás desde dentro o coração".

LVII [1402]
TAMBÉM O CANALHA ENCONTRA POR SORTE A PRESA

Contigit et ignavis e venatu praeda. Usa-se quando as coisas vão bem para aquele que não as merece, ou por algo recebido mais por um golpe fortuito do que por empenho. A alegoria é feita com a caça, na qual domina sobretudo a sorte e a virtude pouco acrescenta. Mas a erudição ninguém encontra ao acaso, senão com esforço. Os inoperantes têm por sorte um reino, com frequência os ociosos ganham riqueza, e mesmo os canalhas recebem honras. Quanto ao resto, tudo o que é verdadeiramente nobre é necessário adquiri-lo com nossa atividade[35]. Suponho que esse dito tenha nascido quando se costumava repartir a caça entre todos, mesmo entre aqueles que não possuíam qualquer mérito. Teócrito assim escreve em *Pescadores* (21, 31): "Como fazemos com a pesca, divide comigo todos os sonhos."

LVIII [1409]
COISAS BOAS, COMO DISSE CILLICO

Αγαθά, Χιλλικών, ou seja, "coisas boas, Cillicon". Refere-se a *quem procura riqueza por meios fraudulentos e ações vergonhosas, por si mesmo astuciosamente preparadas*. Deu motivo a este adágio um certo Cillicon, que se enriqueceu por haver traído sua pátria, Mileto, de maneira indigna. Enquanto urdia a traição, foi-lhe perguntado o que fazia, e respondeu: "coisas boas". Daí ter derivado o provérbio: "coisas boas, como disse Cillicon". Informam Zenodoto (*Zenóbio* 1, 3) e o léxico

---

35 No original, *nostra industria*, isto é, nossa atividade, zelo ou empenho.

Suida (a, 108). Também Aristófanes alude ao episódio n'*A Paz* (363): "Mal nenhum e, no entanto, o disse Cillicon." Um intérprete adicionou o relato da morte de Cillicon. Após haver traído sua pátria, um certo Teagene se transferiu para Samos e ali vendia carne. Cillicon quis comprar uma boa quantidade dela, e lhe disse para cortar com abundância. Tão logo desembainhou a espada, Teagene cortou-lhe a mão, dizendo: "Com esta mão não trairás nenhuma outra cidade."

LIX [1512]
OS PREGUIÇOSOS
ESTÃO SEMPRE EM FÉRIAS

Ignavis semper feriae sunt. Dos que sempre se dedicam ao ócio, costuma-se dizer que estão em férias, ou são ociosos em férias permanentes, metáforas que se tornaram proverbiais. Escreveu Teócrito (*Bucólicas* 15, 26): "Αεργοις αιεν έορτά", ou seja, os preguiçosos [ou inertes] estão sempre em férias. Durante as férias, mesmo os pagãos se abstinham de atividades laborais. E aqueles que fogem do trabalho escolhem os dias festivos para poder gozar do ócio e abandonar-se aos prazeres do ventre e da libido. Nos tempos antigos, para tais fins, aos agricultores se concediam dias festivos para que restaurassem o cansaço do corpo com os jogos. Depois, imiscuíram-se elementos religiosos para que se moderassem os jogos. Quanto ao povo cristão, esse desfruta os feriados, em princípio instituídos por motivos religiosos, com as prostitutas, em jogos de azar, em rixas e lutas. Em período algum se cometeram mais crimes do que no tempo em que seria conveniente estar longe da violência; pois jamais se imitou tão bem os pagãos do que quando melhor seria comportar-se como cristão. E embora seja notável que um expediente encontrado para favorecer a religião a esteja degradando, não sei qual o critério com que o concílio pontifício adiciona feriados e dias festivos ao calendário, quando seria mais prudente imitar os médicos que mudam os remédios conforme as morbidades, tendo por escopo apenas a saúde do enfermo. Assim, constatando que uma coisa instituída por uma razão apropriada ao tempo, após terem mudado os costumes dos cristãos, é uma peste para a piedade religiosa, que dogma impede mudar aquele uso, em virtude das mesmas causas pelas quais os antigos o estabeleceram? O que digo desses feriados se poderia dizer de muitas outras coisas. Todo dia é um dia de festa para o cristão; para os maus, diferentemente, que são a turba mais vasta, os dias de festa são menos festivos do que os profanos. Mas, retornemos ao provérbio: será bem aplicado àqueles que sempre encontram um motivo para permanecer no ócio; como exemplo, aqueles para os quais as letras são desagradáveis e se escusam pelo estado de saúde ou pelas ocupações domésticas. Às vezes é o frio do inverno, outras o calor do verão, por vezes o céu perigoso do outono. Por último, o frescor da primavera, que está por terminar, o afasta dos livros. Após as refeições, dizem que nada a fazer com os livros antes que o estômago tenha bem digerido. Se o patrimônio doméstico é suficiente, perguntam: Que finalidade, dirão, tem o trabalho com os livros? Se falta, dizem que um pobre não pode filosofar (*Quorum opus, inquiunt, litteris?; si deest, negant pauperem posse philosophare*). Quando são jovens, é a flor da idade que não deve ser dissipada em cuidados senis; quando velhos, devem ocupar-se da saúde.

LX [1516]
NÃO [OFERECER] PALAVRAS EM LUGAR DE FARINHA

Μή λόγους άντ άλφίτων, ou seja, *ne verba pro farina*. Insinuava-se [o adágio] contra aqueles que propunham benefícios com palavras, não com fatos. Esse é o costume dos poderosos: nutrir os que lhe são conhecidos com esplêndidas promessas. Bem relembra o jurisconsulto Pomponio nas *Pandectas* (15, 1, 4): "O patrimônio se acresce com fatos, não com palavras." Serve bem o provérbio para aqueles que pagam um benefício apenas com promessas, ou para quem consola com palavras o que tem necessidade de ajuda concreta. Os antigos entendiam por farinha (*álphita*) tudo o que pertencesse à alimentação. É perceptível que a sentença foi retirada de alguma comédia, sendo o hemistíquio de um trímetro iâmbico.

LXI [1518]
ESTRANHO ÀS MUSAS

Αμουσοι. Os gregos chamavam de deselegantes e ignorantes aos *ámusoi*, ou seja, os estranhos às musas, ou delas alienados (*musis alienos*). Na antiguidade, de fato, nada do que fosse educação, cultura ou erudição dispensava a música (*nihil eruditum habebatur sine musica*). Daí que nos textos cômicos surgem aqueles que negavam ter conhecimento das letras e mesmo da música. Quintiliano, no primeiro livro da *Instituição Oratória*, capítulo sobre o elogio da música, diz: "E assim, num provérbio grego, se divulga que os ignorantes estavam distantes das Musas e das Graças." Platão, no livro VIII *Da República* (548e), define como *hypoamusóteros* (absolutamente estranhos às Musas) os medíocres e rusticamente torpes. Aristóteles, no livro II da *Retórica* (1395b): "Como afirmam os poetas, os incultos falam mais habilmente à multidão." Definamos *musikótaton* (hábeis na música) as pessoas extraordinariamente elegantes, e assim os gregos definiam tudo o que era moderado e ordenado como musical (*emmuson*). Ateneu chama deselegante na linguagem (*amusulogíai*) os contos não eruditos e as fábulas inoportunas. Ésquines[36], no discurso contra Trimarco, escreve: "É um homem, além de outros defeitos, ignorante e estranho às Musas." Plutarco, na *Vida de Rômulo* (15, 3), afirma que quem não quer ser entendido como ignorante ou inumano não pode estar privado das Musas e das Graças: "Sestio Silla, o cartaginês, homem a quem não faltam as Musas e as Graças."

LXII [2(9)]
NÃO JOGAR ALIMENTO NO URINOL

Σιτίον εἰς ἀμίδα υή ἐμβάλλειν, ou seja, *Cibum in mattelam ne immittas*. Plutarco o interpreta no sentido de que não se deve dirigir palavras gentis a um homem desonesto. Pois a fala é o alimento da alma e se torna corrupta e podre se é oferecida a uma alma desleal. Isto é o que Epicteto adverte em citação de Gélio (17:19, 3): termos muito cuidado com aquele a quem dirigimos nossas palavras. Pois se pusermos os alimentos em um recipiente impuro, eles se transformarão em vinagre ou urina. Horácio alude a isto dizendo que "se o vaso não for íntegro, tudo que nele for posto se tornará vinagre" (*Epístolas* 1,2,54).

---

36 Estadista e orador ateniense (389-314 a.C.).

LXIII [2(13)]
AJUDA AQUELE QUE ERGUE O PESO, DE MODO ALGUM A QUEM O DEPÕE

Tollenti onus auxiliare, deponente nequaquam. O divino são Jerônimo o explica com este sentido: "àqueles que carregam um fardo se deve atribuir uma carga adicional; ao contrário, não é preciso cansar aqueles que o depõem", e pensa que este seja o sentido: "é preciso intensificar o ensino dos que avançam no caminho das virtudes, deixando aqueles que se protegem no ócio". Daí aduzir esta concordância: "deve-se ajudar aquele que ergue o peso, e não quem o depõe".

LXIV [13]
ASSENTADO SOBRE DUAS ÂNCORAS

Επί δυοιν όρμεί, isto é, *Duabus nixus in portu sedet*, o que significa estar assentado sobre duas (subentende-se) âncoras. Este provérbio refere-se a pessoas firmes e tenazes e que assim constituíram sua situação. Deriva das embarcações que permanecem seguras no porto, após terem lançado as âncoras de proa e de popa. Recorda o adágio Elio Aristide em seu *Panatenaico* (1,54 = 1,27 Lenz-Behr)[37]. Deriva da mesma metáfora usada por Demóstenes (18,28) contra Ctesifonte: "ainda não se susteve sobre as mesmas âncoras da maioria dos seres humanos".

---

37 Retor grego (117?-180?), autor de 53 discursos sobre temas filosóficos e políticos, entre eles o Παναθηναϊκός.

LXV [44]
É O ANO QUE PRODUZ A COLHEITA, NÃO O CAMPO

Ετος θέρει, ούχι άρουρα, ou *Annus producit segetem, non arvum*. Trata-se de um hemistíquio proverbial, ao qual se refere Teofrasto no oitavo livro da *História das Plantas* (8, 7,6):

> para o crescimento e a nutrição das plantas, em geral ajudam o clima e as condições meteorológicas; se, de fato, as chuvas, os dias bons e as tempestades ocorrem a propósito, haverá proliferação e abundância de frutos, mesmo em terrenos salinos e pouco férteis. Por isso, não está longe da verdade quanto diz o provérbio, v.g., que é 'o ano (e o tempo) que produz, não o campo'. Todavia, o estado do terreno não ocupa um lugar secundário.

Ele admite que as condições climáticas se revestem de uma importância decisiva, o que é também confirmado pelo adágio, segundo o qual, não sem razão, todos os méritos dos benefícios são atribuídos ao clima; mas depois diz que uma certa diferença também faz a própria natureza do solo. Seguramente Teofrasto refuta o dito popular que atribui todo o mérito ao clima, já que muito depende também do terreno. O mesmo autor repete o adágio no terceiro livro *Das Causas das Plantas* (3,24,4), quando explica o motivo pelo qual o grão cresce tão bem nas regiões cálidas quanto nas frias; não nega, efetivamente, que a natureza do terreno incida, de alguma maneira, na fertilidade, mas pensa que tem importância superior o ar circunstante e o tipo de clima determinado no concurso das condições atmosféricas e eólicas. Também Plutarco o relembra nas "Questões Conviviais" (*Symposiacis*, mor. 701 a). Além disso, caso se queira estender o campo de aplicação do provérbio, será particularmente apropriado ao espírito dizer que a virtude de uma pessoa depende muito mais da educação que do sangue, e é de todo irrelevante de que estirpe ela provenha, mas resultam essenciais os métodos formativos e os princípios sobre os quais está baseada a sua educação. De fato, é o clima que puxa para fora o que a terra produz. Talvez Eurípedes aludisse a esse provérbio na Hécuba (592-601), quando a faz dizer:

> não é estranho se a terra má / recebendo o bom tempo dos deuses, produza boas colheitas: / e se é boa, mas privada do necessário, / traga maus frutos; entre os homens, ao contrário / quem está aflito é sempre maldoso, / quem é bom, é bom; nem por causa de desgraça / corrompe sua natureza, mas é sempre probo. / A diferença a faz os genitores ou a educação? / Certamente, uma educação ensina / a ser honesto.

Hécuba parece dar um pouco mais de valor ao nascimento do que à educação e se admira que nos costumes humanos as coisas ocorram diversamente do crescimento dos grãos. Licurgo (*Plutarco, Moralia*, 3 a-b), porém, mostrou com elegância a superioridade da educação com respeito à raça, apresentando dois cães diante de uma multidão, dos quais um, nascido de uma mãe sem grandes cuidados, seguia a presa com bravura, graças ao seu adestramento, ao passo que o outro, embora tivesse genitores de antiga raça, mas sem ser amestrado, depois de ter abandonado a presa, preferia farejar, torpemente, os odores do pão e de outros alimentos.

LXVI [46]
NAVEGAR NO PORTO

Ἐν λιμένι πλεῖν, ou seja, *in portu navigare*, com o que aludimos ao fato de estarmos fora de perigo, pois quem navega ainda em meio aos fluxos do mar está exposto aos caprichos das tempestades, ao passo que quem se encontra em águas do porto não precisa preocupar-se com as ondas e com os ventos. Disso deriva que, numa metáfora vulgaríssima, chamamos de porto à pessoa em quem encontramos proteção e auxílio. E daquele que abraça uma regra de vida segura e tranquila se diz que se refugia no porto. Terêncio, em *Andria* (480): "agora ele se dá ao perigo; eu navego no porto". Virgílio, no sétimo livro da *Eneida* (7, 598), se expressa um pouco diversamente: "agora me espera o repouso, [estando] todos no limite do porto".

LXVII [47]
É MAIS PROFUNDA
A PEGADA DO BOI CANSADO

Bos lassus fortius figit pedem. São Jerônimo (*Epístolas* 102, 2,2) recorre a esse adágio, na verdade bem refinado, quando se volta para o beato Aurélio Agostinho e quer dissuadi-lo de provocar, ele jovem, a um velho. De fato, aqueles que estão mais avançados na idade intervêm mais lentamente na disputa, mas se enfurecem e acossam mais duramente quando sua virtude senil é provocada. Disse: "Lembra-te de Darete e Entello (2069)[38] e do conhecido provérbio, segundo o qual mais profunda é a pegada do boi cansado." A expressão parece derivar de um antigo costume de moagem, quando as carroças puxadas por bois passavam sobre feixes de espigas, e os grãos de trigo eram moídos em parte pelas rodas, em parte pelos cascos dos touros. Existe ainda aquela lei mosaica, citada pelo apóstolo Paulo a Timóteo (*1 Tim.* 5,18) que proíbe tapar o focinho do boi enquanto ele mastiga. Portanto, o boi cansado é mais idôneo à trituração, porque imprime mais fundamente a sua pegada.

---

38 Combate relatado por Virgílio no livro quinto da *Eneida*, no qual a arrogância de Darete é punida pelo mais velho guerreiro Entello.

LXVIII [77]
NASCIDO NA QUARTA LUA

Εν τετράδι γεννηθῆναι, ou *quarta luna nati*. Diz-se dos nascidos na quarta lua aqueles que pouca felicidade tiveram, como o testemunha Eustácio de Tessalônica em seus comentários ao segundo livro da *Ilíada* (2, 612-614), pois se narra que Hércules nasceu sob essa lua e por toda a vida esteve privado de prazeres, e, ao contrário, repleto de labores. Pode referir-se também àqueles que estão exaustos por trabalhos que nunca se revelam frutíferos para si, conforme o exemplo do próprio Hércules. Pirro, segundo Lúcio Floro (1,13,19)[39], dizia que lhe parecia ter nascido sob o signo de Hércules, pois quanto mais numerosas eram as vitórias sobre os romanos, com mais vivacidade insurgiam-se contra ele. O que Horácio (*Carmina* 4,4,61) traslada elegantemente a Aníbal: "como a Hydra, mais resoluta com seu corpo cortado, crescia contra Hércules, dolente pela derrota".

LXIX [86]
QUE O ARTÍFICE CARREGUE
AS CORRENTES QUE FEZ

Faber compedes quas fecit, ipse gestet. Ausônio, em seus versos trocaicos[40] (*Bissula, praefatio*, 4-6, 123) acrescenta ao provérbio de Terêncio um elemento similar e assim interpreta a metáfora: "tu que foste molesto com tua insistência, lê agora esta aborrecida poesia. / Toma agora a sopa que preparaste com tuas próprias mãos. / Assim prescreve o velho

---

39 Historiador romano do final do primeiro século de nossa era.
40 Versos greco-latinos compostos por sílabas longas (ou tônicas) seguidas por sílabas curtas (ou átonas).

provérbio: / que o artífice carregue as correntes que fez". Corresponde àqueles que são a causa de seus próprios males. Parece acompanhar Teógnis (539) que diz: "Ninguém, meu caro Cirne, fabrica correntes por si só." Semelhante a esta, mais humilde e adaptada ao povo, é a máxima: "preparou sozinho a chibata (que serviu) para si mesmo". Ela deriva dos servos que, com frequência, são obrigados a preparar pessoalmente as vergas com que serão surrados.

LXX [94]
MAIS VERSÁTIL DO QUE UM COTURNO

Εύμεταβολώτερος κοθόρνον, ou *cothurno versatilior*. Diz-se de uma pessoa pouco constante, de fé duvidosa, de temperamento incerto ou ambíguo: a semelhança provém do sapato que os gregos e os latinos chamavam de coturno, usado tradicionalmente por atores trágicos. Como tinha uma forma quadrada, podia acomodar-se a qualquer dos pés, ao direito e ao esquerdo. A *Suida* (k 1909) ainda acrescenta que podia servir a homens e mulheres. Atestam-no inclusive as palavras de Virgílio (*Eneida* 1,337): "cingir as pernas com um coturno". O provérbio, entretanto, é empregado em dois sentidos: seja por comparação (como no título), seja por denominação, quando chamamos um homem de *coturno*, aquele age diversamente. De fato, assim foi chamado o rétor ateniense Teramene, discípulo de Pródico de Ceos, porque sentava-se, como se costuma dizer, em duas cadeiras, pendendo ora para a facção do povo, ora para a dos trinta tiranos, dando a impressão de estar tanto de uma parte quanto de outra, ou em ambos os partidos. Plutarco, nos "Preceitos Civis" (*Praceptis civilibus* 824 b): "dá-se o caso que quem usa o coturno de Teramene comporta-se diversamente e se faz parecer neutro". Luciano, nos *Amores* (50): "eu desejaria, se fosse possível, tornar-me Teramene, dito *O Coturno*, a fim de que cada um de vós pudesse sair vencedor com méritos iguais". Plutarco acrescenta (*Nicias* 2,1) que mesmo o general Nícias, por ambiguidade de seus costumes, era comumente definido com o cognome de coturno. Até mesmo Cícero esteve a ele sujeito. Se não erro, Homero aplica a Marte o então neologismo *alloprósalon* (ἀλλοπρόσαλλον) porque com frequência muda de ação. Nada impede, porém, que a proverbial expressão possa ter um sentido positivo, no caso em que se chame de coturno uma pessoa de modos fáceis e destro engenho, capaz de pôr-se de acordo com os tipos humanos. Por isso Homero define Ulisses *polýtropon*, pois que era apto em assumir papéis como o de mendigo ou pai de família.

LXXI [100]
ACREDITAR ANTES NOS OLHOS
DO QUE NOS OUVIDOS

Ὠτίων πιστότεροι ὀφθαλμοί, ou seja, *oculis credendum potius auribus*. As coisas reconhecidas pela vista são mais seguras do que as ouvidas. Em Horácio (*Epístolas* 1,18,70): "Um ouvido não conserva os segredos que lhe são confiados." Idem na *Arte Poética* (180-182): "é mais fraco sobre o espírito / o ouvir do que o submetido com fidelidade aos olhos / em que o espectador por si só confia". Todavia, essa referência é um pouco diferente. Mais próximo ao significado do provérbio é o fato de que Plauto (*Asinária* 202) defina a mão de uma senhora dotada de olhos e não de orelhas, pois creem só naquilo que veem. E ainda que a história, fundada sobre fatos reais, recebe o seu nome παρὰ τό ιστορεῖν[41], daquilo "que é visto" (*quod est videre*). Por fim, a célebre

---

41 Isidoro de Sevilha, *Origenes* ou *Etymologiae* 1,41,1. O que se vê e, daí, o que se descreve ou se conta do que foi visto.

figuração virgiliana (*Eneida* 6, 893-896) a respeito das duas portas do mundo inferior: a de marfim, que alude ao que sai da boca em virtude da cor ebúrnea dos dentes; e aquela da cor do corniso[42], entendendo-se aquilo que se reconhece pelos olhos, em razão da cor negra das pupilas. Em resumo, para o conhecimento valem muito os ouvidos, enquanto para a averiguação da verdade são mais eficazes os olhos.

LXXII [101]
A TROCA ENTRE GLAUCO E DIOMEDES

Diomedis et Glauci permutatio. Tornou-se proverbial a permuta entre Glauco e Diomedes narrada em Homero sempre que nos referimos a uma troca desigual; ou seja, "ouro por bronze" (χρύσεα χαλκείων), ou algo de melhor por algo de pior ou mais ordinário. De fato, no sexto livro da *Ilíada*, o poeta apresenta Glauco, filho de Hippoloco e condutor dos Lícios, algo presunçoso e mais capaz de ostentação do que de luta; de outro lado, Diomedes, habilidoso e astuto. Eles se enfrentam em "uma singular contenda". Mas Glauco, quando perguntado por Diomedes sobre quem era ele entre os homens ou entre os deuses, continuou a expor longamente a série dos nascimentos e a indicar a sua pátria Lícia, na cidade de Efira. Então Diomedes, que como grego compreendia a estupidez do bárbaro, pela arrogância do seu discurso pensando em escarnecê-lo, ao invés de matá-lo respondeu que os seus antepassados tinham um antigo laço de hospitalidade e que haviam trocado presentes hospitaleiros, que se chamam *xénie* (ξεινίη). Depois, plantando sua lança no chão, começou a exortá-lo a pôr de lado os combates

---

42 Cornus ou corniso, arbusto comum da Europa, podendo alcançar de cinco a doze metros de altura, produtor de um fruto avermelhado, a cornisola, que, quando seco, adquire coloração negra.

e a restaurar entre si a amizade de seus antepassados e a acolherem-se mutuamente, um em Lícia, outro em Argos, assim que regressassem ilesos à casa. Entretanto, se por acaso estivessem frente a frente em combate, só se absteriam de armas entre si por respeito à sagrada hospitalidade, embora lutassem contra os demais. Então disse: "para que não pareça que o estamos fazendo por traição, e não por respeito à hospitalidade, vamos trocar armas para que todo o exército possa compreender que estamos unidos pelo laço dos nossos antepassados". Dito isto, ambos desmontaram de seus cavalos e apertaram as mãos para selar o pacto, ou seja, concluíram um acordo de hospitalidade por meio da troca de armas, mas em termos extremamente desiguais. Diz Homero (6.234-236): "Eis que o Cronida tolheu o bom senso de Glauco / que trocou o ouro pelo bronze do Tídeide, / de uma centena de bois o valor de nove." O provérbio é com frequência citado por autores conhecidíssimos. Platão, no *Fedro* (218-219ª), quando faz Sócrates responder a Alcebíades, como era seu costume, porque por desejo de ganho queria trocar a beleza do corpo por aquela melhor, a beleza da mente, diz ele: "E tu cogitas permutar isso, que é verdadeiramente de ouro, pelo bronze." Quem troca "o ouro pelo bronze" é aquele que prefere a saúde do corpo à honorabilidade ou à virtude pela saúde corporal. Cícero, na *Carta a Ático*, livro sexto (1,22), escreve: "Tu tens a nossa resposta sobre todos os aspectos, mas não aquilo que postulaste, ou seja, o ouro pelo bronze, e sim o que é parelho." Plínio, o Jovem, numa *Carta a Flaco* (5,2,2): "Receberás cartas estéreis e estupidamente ingratas, e que nem mesmo imitarão aquela solércia de Diomede na troca dos dons." Martial diz num de seus *Epigramas* (9, 94): "Nem mesmo tu, tão tolo como deduzo, O Glauco, que pelo bronze deste o ouro." Aulo Gélio, no segundo livro das *Noites Áticas* (23,7), comparando a tradução de Cecílio com o texto de Menandro, sopesando e mostrando o quanto aquela havia abastardado a beleza grega, escreve: "Por Hércules, as armas de Diomedes e de Glauco não teriam maior diferença de valor." Faz-se menção ao adágio até mesmo no proêmio das *Pandetas* dos césares, nos seguintes termos: "Em nosso tempo dá-se uma permuta de legislação, tal como aquela que, em Homero, pai de toda virtude, fazem entre si Glauco e Diomedes, trocando coisas dissimétricas."

LXXIII [118]
MESTRES MUDOS

Magistri muti. Aulo Gélio (*Noites Áticas* 14,2,1) acrescenta à expressão "viva voz" outra um pouco diferente: "Porque escasseava a viva voz, como se costuma dizer, aprendi com os mestres mudos." Por mestres mudos entendemos livros que nos falam como Sócrates fala em Platão, mas que não respondem facilmente àqueles que têm uma dúvida. E não sem certa graça são chamados preceptores mudos porque é peculiar às pessoas mudas não falar por voz, mas por sinais de cabeça e figuras manuais de expressão. Da mesma forma, os livros também nos falam com certos pequenos sinais e figuras de linguagem. Pois tal como as palavras são *éidola* (imagens ou simulacros) dos sentimentos da alma, segundo Aristóteles, também as figuras das letras são justamente chamadas representações das palavras. Não é de se admirar se de fato esse arquétipo (ἀρχέτυπον) representa o modelo do coração e transporta os sentimentos da alma mais eficazmente do que o outro que não imita a realidade, mas sim a sua imitação. E não é por acaso que muitas pessoas se perguntam se para aprender convém usar a "viva voz ou os mestres mudos"; ou seja, a escuta ou a leitura. E ambas as coisas possuem suas vantagens particulares; de fato, o que se aprende com os livros é certamente mais profundo e mais abundante. Pois cada um pode aprender segundo a velocidade de seu engenho e a fidelidade de sua memória. Acrescente-se que estes preceptores nunca se cansam de oferecer o seu trabalho. Mais ainda, os livros estão disponíveis e ao alcance da mão. Finalmente, há o tempo livre (*otio*) e a solidão do pensamento. É possível rever cada ponto, o que nos permite avaliar e corrigir. Ao contrário, aquilo que sentimos da exposição de um mestre, sobretudo se fala aquele que admiramos e amamos, de certo cansa menos a mente, a vista e a saúde. Infunde-nos mais profundamente na alma e nela permanece impresso com tenacidade, retornando à memória com mais velocidade. Portanto, a resposta será a de conjugar um tipo de estudo com outro; e quando houver a oportunidade da viva voz, escutai em lugar de ler, mesmo que aquilo que se ouça seja culturalmente medíocre. Quando não for possível, refugiai--vos voluntariamente nos livros, mas nos ótimos, que não são recursos de valor menor. Por fim, os livros são chamados de mestres mudos com a mesma imagem que Marco Túlio Cícero usa (*Legibus* 3,2), chamando a lei de magistrado silencioso, o magistrado, de lei falante, e com a qual Plutarco (*Moralia* 17f-18a) define poesia como a pintura falada, e a pintura como poesia muda.

LXXIV [125]
O OLEIRO INVEJA O OLEIRO, O ARTESÃO INVEJA O ARTESÃO

Figulus figulo invidet; faber fabro. Entende-se [a máxima] para aqueles que se dedicam à mesma arte, pois entre artífices semelhantes impõe-se mais a emulação do que a benevolência. Hesíodo, n'*Os Trabalhos e os Dias* (23-26), indica essa inveja recíproca por meio de várias metáforas sem condenar tais artistas, antes a aprovando e elogiando. De fato, o poeta tinha apresentado um duplo gênero de rivalidade: a que é, de um lado, útil e bela aos mortais, e a que lhes é vil e prejudicial, por outro. Esta última incita os homens a combates por honras e riquezas, a outra, ao contrário, como em tantos exemplos, induz à indústria e às artes. Por isso, a emulação honesta é descrita com essas palavras: "O vizinho observa atravessadamente o vizinho, / que à riqueza acorre; mas boa / é tal concorrência para os mortais; / a do oleiro com o oleiro, e a dos artífices / que entre si se invejam os mendigos / e os *aedos*." O adágio é citado por diversos autores, como por Aristóteles no segundo livro da *Ética a Nicômaco* (2,1381b). Ainda no oitavo livro da mesma obra é referido à guisa de provérbio: "Dizem que todos os oleiros se comportam do mesmo modo uns em relação aos outros." Definiu como invejosos os oleiros, obviamente aludindo ao adágio de Hesíodo. Também no terceiro livro da *Retórica* (1388 a,16-17): "Por isso se diz 'mesmo o oleiro para o oleiro'." Na mesma passagem (1388 a8), cita este senário, não sei de que poeta: "A verdade é que a parentalha sabe invejar-se." Mas esta é a semelhança que Plutarco, nas *Questões Conviviais* (*Morarlia* 618 d-619 a), diz μάχιμον, isto é, combativa, pugnaz, como a dos galos entre si, assim como entre sofistas, poetas, mendigos e cantores, e por isso evita de pôr lado a lado este tipo de gente nos simpósios, para que não nasçam tumultos; mas há outra, a que chama ἐπιεική (conveniente), a competição das gralhas. A essa pertencem os marinheiros, agricultores, caçadores e médicos. Por isso são colocados próximos nos simpósios. Além deles, os amantes, desde que não amem a mesma mulher.

LXXV [140]
É MELHOR REMEDIAR NO INÍCIO DO QUE NO FIM

Αρχήν ιάσθαι πολυ λώιον ήέ τελευτήν, ou seja, *Multo quam finem medicare initia praestat*. O *Suida* cita-o como um provérbio. No mesmo sentido, Teógnis escreve: "Procuremos curar a peste que nasce." Da mesma forma, Pérsio, na terceira sátira, escreve: "Em vão procuram a erva[43], se já enferma e inflamada a pele está: / e contrapor-se à doença que se ajuntou." Também Ovídio (*Rem.* 91-92): "Tardia é a cura quando longos atrasos reforçam o mal." O provérbio adverte ser mais fácil eliminar o mal em seu início do que quando já se encontra enraizado pelo tempo. É preciso afastar as crianças dos vícios quando pelas idades são ainda pequenas e tratáveis; é conveniente logo reparar as ofensas para que não se tornem ódios. É preciso evitar as ocasiões que parecem preceder os males.

LXXVI [148]
ESTAR FACE A UM TRÍVIO

In trivium sum. "Estou face a um trívio de decisões." Utiliza-se para os que duvidam e não sabem como escolher por indecisão do espírito. A imagem provém dos viajantes que, face a um trívio, não sabem qual dos caminhos tomar. Em grego, com frequência a via ou o caminho é uma metáfora para critério de julgamento, como na *Hécuba* de Eurípedes (744): "Estradas de tuas decisões."[44] Teógnis recita: "Estou

---

43 *Elleborum*, heléboro, planta medicinal.
44 Σών όδόν βουλεματων.

diante de um trívio."⁴⁵ A isso alude igualmente Platão no livro *Das Leis* (779 c-d) quando proíbe deixar-se levar pelo entusiasmo sempre que algo de esplêndido ou de insólito acontece, mas prescreve deter-se, "como se estivesse face a um trívio", sem saber o caminho, e não prosseguir antes de ter bem investigado para onde cada um deles conduz.

LXXVII [149]
DUAS VEZES, E MESMO TRÊS, O QUE É BELO

Δις και τρίς, τό καλόν, ou seja, *bis ac ter, quod pulchrum est*. Vai subentendida a expressão "é preciso dizer". Platão cita o adágio em várias passagens, entre elas no *Filebo* (59-60a): "Como antes recordei: diz bem o provérbio que é preciso repetir duas ou três vezes as belas ações." Idem no *Górgias* (498e): "E dizem que é bom considerar e dar valor duas ou três vezes ao que é belo." Novamente no sexto livro *Das Leis* (754c): "Em nada prejudica a repetição daquilo que é belo." Luciano, em *Dipsades* (9), cita Platão e diz: "Não te sacies do belo." Em verdade, aquilo que é belo e honroso contém em si a força do prazer sempre mais quanto mais é visto, como o diz Horácio (*Ars poetica* 361-362): "Se te encontras próximo, mais te prenderás e por dez vezes te contentarás." De modo contrário, aquilo que é contrafeito ou vulgar talvez agrade no início, por ser novidade, mas ao se repetir, enfastia. Deste modo, Plínio, o Jovem, no décimo-quinto livro, capítulo catorze (*Nat.* 15, 98-99) recorda um fruto selvagem que se chama *unedonem*, pelo fato de que dele só *um* se pode comer. É, certamente, um fruto de pouco valor (*inhonorum*), e seu nome disso deriva.

---

45 Τριόδω έστηκα.

LXXVIII [155]
O CANTO DO CISNE

Κύκνειον ασμα, isto é, *Cygnea cantio*. Encontra-se entre os provérbios gregos. Está registrado por Eliano[46] em *Natureza dos Animais* (2, 32), à maneira de provérbio. Aplica-se àqueles que no final da vida falam com eloquência ou na extrema velhice escrevem com elegância, como ocorre frequentemente com escritores que em suas últimas obras não se fazem ásperos, mas extremamente suaves, sobretudo pelo amadurecimento do estilo, o que vem com a idade. Além disso, que o cisne cante maravilhosamente ao morrer é celebrado por toda a literatura, sem que ninguém o comprove ou acredite. De fato, Luciano (*Electrum* 4-5) disse não ter visto cisne durante sua navegação no Pó. Eliano acrescenta que os cisnes não cantam senão quando sopra o vento zéfiro, que em latim é dito Favônio (ver Filóstrato, *Imagens* 1,9,4). Martial escreve: "Doce e debilmente modula a canção / o cisne cantor de suas próprias exéquias" (13,77). Não faltam filósofos que tentam explicar a causa disso com a fadiga de exalar a respiração através do pescoço longo e estreito. São Jerônimo, enquanto louva a eloquência da velhice, após ter recordado alguns escritores, disse (*Epistolae* 52,3,5): "Ignoro por que todos eles, próximos da morte, fizeram ressoar o canto do cisne." Do mesmo modo no *Epitáfio de Nepoziano* (*Epistolae* 60,1,2): "Onde está o nosso *ergodiióktes*[47] e a voz mais doce do canto do cisne." Nós também, em um epigrama, algo que apreciámos improvisar no passado, dissemos em honra de Guilherme, arcebispo de Canterbury, patrono nunca suficientemente elogiado: "Verás surgir velhos vates / de tão doce harmonia para versar / do cisne aos céus o canto /

---

46 Cláudio Eliano, em latim Claudius Aelianus (161/177? – 222/238?), escritor romano de língua grega.
47 Superintendente de obras.

para que a estirpe futura o possa ouvir." Marco Túlio[48], no prefácio ao terceiro livro *Do Orador*, assim fala de L. Crasso: "Sua voz e divina oração foi como o canto do cisne; após a sua morte, vínhamos em direção à cúria[49] para contemplar o lugar onde houvera pela última vez se detido."

LXXIX [159]
QUE LOGO TE FAÇAS VELHO, SE QUERES UMA LONGA VELHICE

Mature fias senex, si vis longa senectutem. O provérbio latino nos exorta a suprimir os esforços e os modos juvenis quando ainda estamos saudáveis, e começar a cuidar de nossa saúde se quisermos ter uma velhice saudável e longeva. Com efeito, a velhice tem direito à ociosidade e ao descanso. O provérbio é citado por Catão, o velho, em Cícero (*Cato* 32): "Nunca, na verdade", afirma ele, "concordei com o antigo e famoso ditado que diz que se deve envelhecer cedo caso se queira envelhecer por muito tempo." Embora Catão não o aprove, como homem duro que nunca se poupa da fadiga mesmo na velhice extrema, é preciso dar-se atenção ao provérbio, especialmente se foram experimentados os vícios da juventude, como a luxúria, a embriaguez e a vida desordenada: aquele que não os abandona cedo, ou nunca chegará à velhice, ou está destinado a tê-la por breve tempo.

---

48 Cícero.
49 Senado.

LXXX [207]
TANTO SÃO OS HOMENS, TANTAS AS SENTENÇAS

Quot homines, tot sententiae. Não há hoje nada mais difundida do que esta frase de Terêncio (*Formião* 454). Guarda semelhança, no mesmo autor e obra, com "cada um possuía seu próprio costume". E ainda Pérsio (5, 52-53): "Mil aspectos entre os homens e variados os usos das coisas. / Cada um tem seu querer e não se vive de um só desejo." Ao mesmo sentido pertence aquele verso epigramático no qual é dito que é possível encontrar-se quem se recuse a renunciar à terra paterna, mas ninguém que queira renunciar às suas inclinações naturais (*Martial* 8,18,11). Horácio acrescentou uma alegoria bem apropriada (*Epístolas* 2,2,61-62): "Os três me parecem convidados que se altercam pedindo coisas muito diferentes para paladares variados." O mesmo autor escreveu a primeira ode para o argumento desta sentença, isto é, que alguns são levados a certos estudos, alguns a outros; alguns têm certos desejos que outros não têm (*Carm.* 1,1). Parece que o apóstolo Paulo também tenha aludido a isto quando admoesta (*Rom.* 14,5) que, para evitar a emulação, cada pessoa deve dispor providentemente de sua própria opinião. Se a massa dos teólogos desse ouvidos a esse conselho, não haveria hoje tanto furor sobre questiúnculas; de fato, são coisas que se podem ignorar sem perda do respeito e da benevolência. Eurípedes desenvolveu mais amplamente a máxima *n'As Fenícias* (499-502): "Se para todos a beleza e a sapiência fossem iguais, não haveria a incerta contenda entre os homens; mas nada é símile ou igual para os mortais, salvo o dar nomes às coisas."

LXXXI [213]
ALEGRAR-SE NO IMO

In sinu gaudere. Significa sentir um prazer silenciosamente dentro de si, e não demonstrar sinais de alegria, como vulgarmente se faz. Escreve Tíbulo[50] (3,19,8): "Quem é sábio, silenciosamente se alegra no imo peito." De modo semelhante, Propércio (2,25,30)[51]: "Em silêncio, mantém reclusa a alegria em ti." O mesmo autor escreve: "Choram alternadamente um no seio do outro", referindo-se aos amantes que vertem uns sobre os outros as secretas inquietudes de suas almas, as mesmas que escondem dos outros. Cícero, no livro terceiro das *Discussões Tusculanas* (3,51) diz: "Como tais coisas não são plausíveis[52], deixam de dizê-las de modo pretencioso e alegram-se no imo." Plínio Cecílio, no livro segundo, primeira epístola, confessa: "Por tais razões, é necessário que eu chore em teu peito a sua morte imatura." Aparece certas vezes em Sêneca, como, por exemplo, na epístola 106: "Se não atirares teus bens fora, saberás alegrar-te interiormente." Tal figura retórica parece ter sido emprestada de Homero que, no vigésimo-segundo livro da *Odisseia*, assim diz: "Alegra-te em teu seio e contém-te, nutriz." Foi dito "no seio" do mesmo modo que se dissesse em teu imo, e não nos lábios ou na fronte, partes com as quais a gente costuma revelar inoportunamente coisas escondidas no recesso da alma. Marco Túlio, numa epístola ao irmão Quinto (2,12,11) diz: "Crê-me, é no imo e não desabafo." Com tais palavras, empenha-se o silêncio. Plutarco, na *Vida de Catão*, parece ter dito "do imo" no sentido de íntima familiaridade: "Pisão Calpúrnio, que era pai da

---

50 Albio Tibulo (Albius Tibullus, 54 a.C.?-19 a.C.), poeta latino.
51 Sexto Aulo Propércio (Sextus Aulus Propertius – 43 a.C – 17 a.C.), poeta latino.
52 Isto é, dignas de aprovação pública.

mulher de César, e Gabínio Paulo, um homem do imo de Pompeu, como dizem aqueles que conhecem seus costumes e sua vida." Scevola[53], no livro 22 das *Pandectas*[54], no capítulo 27, com o título *Sobre as Aprovações*, usa o termo de modo um pouco diverso: "Por isso mantive no imo toda a fortuna e a substância, como as tivesse recebido de mãe, sem nenhuma caução." Disse "no imo" em substituição a "em meu poder e fielmente".

LXXXII [214]
QUE SUPORTES E NÃO CULPES O QUE EVITAR NÃO PODES

Feras, non culpes, quod vitari non potest. Aulo Gélio (17,14) escreve que circulavam correntemente algumas sentenças do mímico Publílio, bastante adequadas à conversação comum, uma das quais é essa, mais saudável do que qualquer dogma filosófico: que suportes e não culpes o que evitar não podes. Com essas palavras somos advertidos a mitigar, pelo menos com resignação, os males fatais que de modo algum podemos nos esquivar ou rejeitar. Outra coisa não ensina Eurípedes nas *Fenícias* (382), embora com palavras diversas: "É preciso suportar aquilo que vem dos deuses", assim como "Sendo um mortal, é preciso suportar os destinos que provêm dos deuses."

---

53 Cervínio Scevole, notável jurisconsulto romano durante os reinados de Marco Aurélio e Cômodo.
54 Conjunto de tratados e leis do direito romano (*Corpus iuris civilis*) reunidos a pedido do imperador bizantino Justiniano. Por antonomásia, *Digesta seu Pandectae*, "Livros Coligidos".

LXXXIII [215]
AS FONTES DOS RIOS SAGRADOS CORREM PARA O ALTO

Sursum versus sacrorum fluminum feruntur fontes. Uma alegoria proverbial, com a qual se entende que algo é feito ao contrário e que a ordem das coisas está invertida, tal como uma criança que censura um velho, o discípulo que pretende ensinar ao seu preceptor, um servo comandar o senhor. O adágio é empregado na *Medeia*, de Eurípedes (410,4): "As nascentes dos rios sagrados se elevam e a justiça e todas as coisas reviram do avesso, os homens têm desígnios astutos, a fé nos deuses já não é sólida." Com essas palavras o coro indica que se põe abaixo a ordem prístina das coisas: os homens recorrem a enganos femininos e já não mantêm as promessas, e as mulheres, ao contrário, ousam ser viris. Luciano faz uso da parêmia no *Diálogo dos Mortos* (6,2), em que o desapontado caçador Térpsion repreende Plutão pelo fato de ele próprio, ainda jovem, ter sido raptado prematuramente pela morte, enquanto o velho Túcrito ainda sobrevivia, e isto contra a ordem natural das coisas: "é como se os rios remontassem", diz. O mesmo autor escreve em seu libelo *Apologia*: "É muito dissonante sua vida de agora de sua obra, como se disséssemos que os rios remontassem e tudo ao avesso viesse retratado da pior maneira." Diógenes Laércio (*Vida de Diógenes, o Cínico*) também a emprega, narrando como o filósofo, tendo instruído o senhor de sua casa (como se fosse ele o senhor, e não o servo) a fazer o que lhe foi ordenado, e após este último ter-lhe respondido com o provérbio "remontam os rios sagrados", disse: "Pois bem, se estando doente tivesse pago a um médico com o seu dinheiro, obedeceria aos seus conselhos ou responder-lhe-ia desta forma – 'remontam os rios'?"[55] Ao

---

55 Em grego, no original: ἄνω ποταμῶν.

mesmo dito alude Virgílio na *Eneida* (11,405): "O rio Ofanto faz refugir as ondas do Adriático", e Sérvio (*Eneida* 11,403) nos adverte que está subentendido um provérbio sobre esse fenômeno inverossímil e inconsistente. Horácio Flacco assim o divulgou: "Quem negaria que os rios / rápidos e o Tibre podem / para as montanhas árduas refluir / enquanto tu te esforças em trocar os nobres / livros de Panécio[56] e a estirpe socrática / por couraças espanholas, / com a promessa de coisas melhores?" E Ovídio, nas *Epístolas das Heroínas*, escreve: "Quando Páris puder respirar, abandonada Enone, / a água do Xanto correrá, retornando, à fonte. / Xanto, instigado ao revés em límpida corrente, / sustentará ter Páris abandonado Enone." Também Propércio (2,15,33): "Os rios começam a pedir águas às fontes."

LXXXIV [237]
OBSERVA O FIM DA VIDA

Finem vita specta – Encontra-se em Heródoto uma história há muito conhecidíssima, a de como Sólon houvera respondido ao rei Creso: que ninguém merece o nome de feliz a não ser aquele que tenha concluído com felicidade o curso da vida. A isso se refere Juvenal em suas *Sátiras* (274-5): "A voz eloquente de Sólon / recomendou-lhe observar com atenção o extremo e último espaço da vida." Sófocles expressou um pouco mais extensamente a sentença em *Édipo Rei*: "Assim que, sendo mortal, observa o supremo / dia, tendo o cuidado de não julgar alguém feliz antes / de atravessar o término de toda a vida na ausência de alguma dor." O mesmo autor expressou uma ideia similar de modo um pouco diverso nas *Traquínias*: "Subsiste um

---

56 Panécio de Rodes (185?-109?), filósofo grego, estoico.

antigo provérbio entre os homens / que é difícil conhecer alguém, bom ou mau que tenha sido, / antes que o falecido tenha ultrapassado o último dia de seus anos fatais." Eurípedes, nas *Troianas*: "Nenhum daqueles a quem a fortuna bafejou seja declarado feliz antes que a vida o tenha deixado." Repete a mesma ideia, com outras palavras, nos *Heráclidas*: "Quanto ao resto, esse estado de coisas declara abertamente aos mortais e ensina a não julgar feliz quem parece afortunado antes de haver daqui partido, pois as coisas são sempre e em todos os lugares mutáveis." Ovídio, por fim, o formulou nas *Metamorfoses*: "É preciso sempre esperar pelo último dia de um homem e de ninguém deve ser dito feliz antes da morte e dos serviços fúnebres." Ainda hoje, em muitos lugares, diz-se que se deve observar uma coisa só após o seu final.

LXXXV [246]
PONTAPÉS CONTRA O AGUILHÃO[57]

Contra stimulum calces. Significa combater em vão contra aquele que não pode ser vencido, ou provocar aqueles que, desafiados, muito mal farão; também lutar contra o destino e, tolerando impacientemente um desconforto que não se pode evitar, não apenas dele não se subtrair, como duplicá-lo. Como se alguém, encontrando-se com outrem litigioso, com ele se altercasse continuamente, nada obtendo se não o fazer ainda mais litigioso. Diz Terêncio no *Formião* (77-78): "E de fato são estúpidos os pontapés contra o aguilhão." Donato (*Phormio* 78) adverte que é um provérbio elíptico; e, realmente, falta-lhe a ação de "dar ou lançar". Os gregos

---

57 O aguilhão (*stimulus*) constitui uma vara comprida, munida de ponta de ferro, com a qual se conduziam os rebanhos.

utilizam uma única palavra: *laktízein*. Plauto diz no *Truculento*: "Se golpeias o aguilhão com os punhos, farás doer as mãos." O adágio encontra-se ainda no *Ato dos Apóstolos* (9,5): "É duro para ti recalcitrar contra o aguilhão", ou seja, combater contra Deus. Eurípedes escreve n'*As Bacantes* (794-795): "Far-lhe-ei sacrifícios, em lugar de, iracundo, dar pontapés no aguilhão, sendo eu um mortal, contra um deus." Píndaro escreve nas *Píticas* (2,94): "Contra o evidente aguilhão, parece recalcitrar." A metáfora é proveniente da criação de bois que os camponeses acicatavam por detrás com varas pontiagudas; por isso eram também chamados *bukéntai* (aguilhoadores de bois): "Muitos aguilhoadores de bois, poucos lavradores de terra." [Coisas menos relevantes superam as de real importância].

LXXXVI [254]
DISCUTIR SOBRE FUMAÇA

De fumo disceptare. É similar ao que se lê nas *Nuvens* de Aristófanes: "E já procura sutilizar e propor cavilações sobre fumaça." É dito dos filósofos que muito se angustiam em discutir sobre a fumaça, isto é, sobre nulidades. Contém não pouco sal e comicidade aquelas mesmas palavras criadas para o gracejo crítico, λεπτολογειν (*leptologein* – discutir com minúcias) e ντενολεσχειν (*stenoleskein* – discorrer sutilmente), sendo que uma significa discutir sobre coisas sutis e frívolas, e a outra afligir-se ansiosamente com meras bobagens. Por isso chama a escola de Sócrates φροντιστήριον (*phrontistérion*), "pensatório"[58].

---

58 Utilizo aqui a tradução que Gilda Starzynski sugeriu para a palavra criada por Aristófanes. Literalmente, "local de pensamento ou de meditação".

LXXXVII [259]
HERANÇA SEM CERIMÔNIA (SAGRADA)

Sine sacris haereditas. Onde havia uma vantagem ou ganho imprevisto e acima das despesas, os antigos o chamavam "herança sem cerimônia (sagrada)"[59]. E qualquer lucro em geral, obtido de alguma fonte para além da nossa atividade, chamavam-lhe "herança", quase como uma expressão proverbial, porque coisas que assim aparecem gratuitamente e como se estivéssemos dormindo, parecem dons recebidos da fortuna. O parasita Ergásilo diz nos *Dois Prisioneiros*, de Plauto: "Obtive uma riquíssima herança sem cerimónia." Em outro texto (*Trinummus*[60] 484): "A colheita é uma herança sem cerimônia." De fato, era habitual que os herdeiros realizassem cerimônias às suas próprias custas, quer pela saúde de uma pessoa doente, quer nas festividades fúnebres do falecido. O próprio Plauto diz noutro lugar (*Curculio*[61] 125): "Para mim tais heranças não ocorrem frequentemente." Cícero escreve na sua quinta *Oração Contra Verres*: "Então Verres acreditava que uma herança lhe houvesse chegado arbitrariamente, pois acabara em seu domínio e em suas mãos." Andrea Alciato, no primeiro livro *Das Palavras Descuradas*[62], opta por referir a origem do adágio a uma antiga norma judiciária. De fato, assim recitava uma lei das Doze Tábuas: "Que as cerimônias (sagradas) privadas se mantenham para sempre." Cícero assim interpreta aquelas palavras (*Das Leis*): "que àquele a quem coubesse o dinheiro do chefe de família era obrigado a celebrar as cerimônias". Portanto, é com frequência mais agradável o

---

59 *Sacrum, sacris*. Cerimônia sagrada, ritual sagrado ou ainda festa religiosa.
60 As Três Moedas.
61 O Caruncho.
62 *Praetermissorum*.

bem inopinado, imprevisto, como uma herança sem cerimônias a cumprir.

LXXXVIII [263]
ENTRE BRUMAS, TREVAS E SONHO[63]

Per nebulam, per caliginem, per somnium. As coisas das quais temos uma lembrança ou uma compreensão tênue e ambígua, quase evanescente, dizemos com um provérbio de recordá-las "entre brumas", de vê-las "em meio às trevas", ou lembrar-se-lhes "em sonho". Como aquelas que vimos quando crianças e, quando velhos, as recordamos como se em sonho fossem. Depois do que percebemos no nevoeiro, observamos apenas uma imagem confusa e como que uma sombra incerta. São deste gênero as coisas que vemos na escuridão através do nevoeiro. De tudo isso foi extraída a metáfora. Formas de tais locuções encontram-se com frequência nos escritores. Plauto diz no *Pseudolo*[64]: "Há coisas que queremos contar, as quais, como entre névoas, nós mesmos soubemos e ouvimos." Idem nos *Prisioneiros*: "Volta-me à memória ter ouvido como entre névoas." Marco Túlio (Cícero) afirma no quinto livro de *Sobre Fins do Bem e do Mal* (5,43): "Quando na idade se está debilitado e a mente fraca, a força da natureza se conduz como na escuridão." Já Platão diz no sétimo livro *Das Leis* (7,788): "Aquilo que digo deve ser demonstrado como exemplo que vem à luz: ora, de fato, o que se disse parece como algo na obscuridade." No mesmo livro lê-se (7,800): "como em sonho".

---

63 Preferimos, por motivos de eufonia na frase completa em português, traduzir *nebulam* por brumas, em vez de, mais diretamente, névoas.
64 O Enganador.

LXXXIX [270]
BRANQUEAR O MARFIM COM TINTA

Ebur atramento candefacere. Significa introduzir algo de aparentemente elegante e ornamentado numa forma genuína, por meio do qual a beleza nativa acaba por ser mais obscurecida do que iluminada. Assim diz uma alcoviteira plautina a uma menina dotada de beleza natural, que, no entanto, lhe pedia alvaiade para espalhar sobre as bochechas: "pedes para branquear o marfim com tinta" (*Mostellaria*, ou Comédia dos Fantasmas, 259), pois todo ornamento artificial traz desonra e não graça às coisas naturalmente belas. Era habitual usar-se alvaiade para adquirir candura, assim como cosmético em pasta para tingir as faces. Seria como se alguém tentasse ornamentar a verdade, comparada com a qual nada é mais belo, com as tintas dos retóricos. Com expressão similar diz ainda o mesmo autor na *Mostellaria* (262): "Queres introduzir uma nova pintura numa obra graciosíssima."

XC [281]
MISTURAR CÉU E MAR

Mare coelo miscere. É uma hipérbole proverbial com o significado de tudo subverter e confundir, sem nada obter com isso. Diz Tito Lívio (*História de Roma* 4,3,6): "Por que motivo misturam a terra ao mar, o mar e o céu?" O mesmo autor, em outra passagem: "Qual é, por fim, o motivo pelo qual misturam céu e terra?" Juvenal diz (*Sátiras* 6, 283-284): "Embora grites e confundas céu e mar, sou um homem." No *Diálogo de Prometeu e Mercúrio*, escreve Luciano: "Por que então era preciso, no que se disse, misturar o céu com a terra?" Virgílio o utiliza no quinto livro (*Eneida* 5,790) sobre Juno, que é capaz de tentar qualquer coisa: "Misturou todo o mar ao céu." O mesmo autor diz um pouco diferentemente no décimo livro: "Nem mesmo se a terra se derramasse em ondas, misturando-a ao dilúvio, ou o céu se derretesse no Tártaro." Aristófanes disse com sentença não muito dissímil em *Lisístrata*: "Antes, Zeus altissonante tornará o baixo alto." E Plutarco, na *Vida de Rômulo* (28,7): "Rejeitar de todo a divindade da virtude é algo de ímpio e ignóbil, mas misturar céu e mar é estúpido."

XCI [286]
UM HOMEM PARA TODAS AS ESTAÇÕES

Omnium horarum homo. Aquele que se adaptava tanto às coisas sérias quanto às diversões e com quem era agradável de se conviver, os antigos o chamavam "um homem para todas as estações" ou circunstâncias. E Fábio Quintiliano testemunha que Asinio Pollione era assim chamado (*Institutio oratoria* 6,3,110). Em Suetônio, Tibério define com frequência dois de seus companheiros de bebida como divertidíssimos, e mesmo "amigos para todas as estações", inclusive em seu testamento. Ênio retratou ao mesmo tempo com elegância e de modo pictórico um amigo seu, de nome Gemino Servilio (*Anais* 8,268-285). Ainda que a canção se tenha conservado com Aulo Gélio, no décimo-segundo livro das *Noites Áticas*, capítulo quarto, não me pesará aqui transcrevê-lo: "douto, fiel, suave homem, facundo, contente com o que tem, feliz, sabido, que fala coisas favoráveis em tempo, agradável, de palavra pouca, que preserva muitas coisas antigas, as quais sepultadas a idade antiga faz, e que preserva os costumes antigos e novos, as leis de muitos antigos, divinos e humanos"⁶⁵. Propaga-se, mesmo entre filósofos, que tenha sido Aristipo quem não se subtraía dançar com toga púrpura de mulher, por ordem de Dioniso, enquanto Platão se recusava, aduzindo que era preciso ser pudico mesmo nos bacanais. Ao contrário, aqueles que por certos costumes não se prestam facilmente à companhia de outros são chamados "homens de poucos homens", como em Terêncio (*O Eunuco* 409).

XCII [287]
TUDO OBEDECE AO DINHEIRO

Pecuniae obediunt omnia. Esta sentença parece ter estado na boca de todas as nações tanto antes quanto atualmente. É encontrada mesmo entre os provérbios hebreus no *Eclesiastes*, no capítulo 10 (19)⁶⁶, e não menos celebrada por autores gregos e latinos. Eurípedes escreve nas *Fenícias* (439-440): "O dinheiro para os mortais é a coisa mais preciosa / e é, entre as coisas dos mortais, a mais valiosa." E disse Aristófanes no *Pluto* (362-363): "Ai de mim, não há nada de saudável em lugar algum, mas todos são dominados pelo lucro." A isso alude a passagem de Demóstenes na primeira *Olíntica* (1,20): "Em resumo, tem-se necessidade de dinheiro e, das coisas que devem ser feitas, sem ele não se faz." E novamente Aristófanes, sempre no *Pluto* (144), explica que quaisquer boas ou más ações realizadas entre os mortais são feitas por dinheiro; assim que, mesmo para os deuses, não lhes são oferecidos sacrifícios exceto por este motivo. E entre muitas outras coisas, ele relaciona esta sentença universal: "Se

---

65 Utilizo aqui a tradução para o português de José Seabra, das *Noites Áticas* (Londrina: Eduel, 2010).

66 "Os homens empregam o pão e o vinho em seu prazer, vivendo para se baquetearem; e todas as coisas obedecem ao dinheiro."

há algo esplêndido e belo, ou gracioso para os mortais, é graças a ti. Pois tudo obedece ao ganho." De modo similar, Horácio (*Epístolas* 1,6, 36-37) chama o dinheiro *rainha*[67]: "É claro que a rainha pecúnia dá a esposa com o dote e a confiança, os amigos, a estirpe e a beleza." Mas ninguém descreveu a tirania do dinheiro mais eloquentemente do que Eurípedes, que faz Belerofonte falar. Sêneca a isso se refere com alguns versos no vigésimo-primeiro livro das *Epístolas* (o drama não se conservou). Como eles são argutos e elegantes, não me pesará transcrevê-los:

> Sem ser chamado péssimo, é nominado rico. / Se é rico ou bom, ninguém pergunta, mas todos o procuram, / não por quê nem de onde; rogam apenas o que ele possui. / Em todo lugar, cada um teve tanto valor quanto dinheiro. / Perguntas o que haverá de torpe para nós? Nada ter. / Todos perguntam se és rico, ninguém se és bom. / Deseja-se ou viver rico ou, se pobre, morrer. Morre bem quem morre enquanto lucra. / O dinheiro, sumo bem do gênero humano, / não é igualado pelo amor materno, / pelo da prole querida e dos genitores sagrados por seus méritos. / Se Vênus resplandece docemente em seu rosto, / ela move igualmente os amores dos deuses e dos homens.

Quando esses versos tão insolentes foram pronunciados na tragédia, todo o povo levantou-se de um só movimento para proscrever o ator e o canto, até que o próprio Eurípedes, vindo à cena, pediu que se esperasse e se visse qual fim teria o admirador do ouro. Naquela fábula, Belerofonte expiava a pena como cada um a expia no drama da vida. Mas além desses versos, que Sêneca cita em latim, encontrei alguns em grego, no quarto livro de Ateneu, *O Banquete dos Sábios*: "Ó ouro, a mais bela conquista para os mortais, / que nem a mãe nem os filhos em casa, / nem o pai amado trazem tanto prazer / como tu e para aqueles que em casa

---

67 Em latim, a palavra *pecunia* (dinheiro) é feminina.

o possuem. / Se este é o olhar da Cípria[68], não é surpreendente que ela possua incontáveis amores." Nesse ínterim, cabe admirar a natureza perversa e desordenada dos mortais. Eles não suportam e rejeitam em tumulto uma sentença ímproba recitada em uma peça inventada, sob uma máscara desonesta por um autor no teatro; mas todos em casa a perdoam. Quantos são aqueles que nas oficinas e na vida não dizem o que os atores proclamavam? Têm horror das palavras no teatro e não na própria vida? Que coisa é mais infame, mais odiada do que a palavra "mentira", coisa mais comum na conduta dos homens? Que coisa é mais detestável do que o perjúrio? Considere a vida dos homens e muitas coisas serão cheias de perjúrio. Observa o que juram os príncipes ao povo, os bispos e abades e todos os cristãos no batismo. Confronta os costumes e que infinidade de perjúrios encontrarás. Como detestamos o nome de um ladrão. Mas, na vida, nada mais conhecerás. A menos que não seja furto receber dinheiro emprestado com a intenção de não o restituir, recusar um depósito quando ele é seguro, usurpar com má-fé uma herança ou posse alheia, enganar um comprador, roubar às escondidas algum material que tenha recebido, oferecer vidro por gema preciosa, vender vinho adulterado; enfim, não perder ocasião de fraudar o próximo.

XCIII [288]
SIMPLES É A PALAVRA
DA VERDADE

Veritatis simplex oratio. Este adágio encontra-se na coleção de Diogeniano[69]. Encontra-se também nas *Fenícias* (469-472), de

---

68 Afrodite, nascida nas águas de Chipre, conforme uma das genealogias.
69 Lexicógrafo grego, atuante durante o reinado do imperador romano Adriano, tendo elaborado um léxico em ordem alfabética e também colecionado cerca de 776 adágios populares (Παροιμίαι δημώδεις).

Eurípedes, deste modo: "Simples é a palavra da verdade / e não tem ela necessidade de interpretações tortuosas; / por si mesma encontra a justa ocasião; o discurso iníquo, ao contrário, / em si mórbido, requer excelentes remédios." Sêneca o cita na *Epístola* quarenta e nove: "De fato, como disse o autor trágico: simples é a palavra da verdade." O provérbio será usado contra os retóricos e os poetas, que costumam colorir as mentiras com o lenocínio das palavras, ou contra os aduladores, pois, como não falam com sinceridade, com frequência ornamentam com cuidado os discursos e simulam afetos verdadeiros com tanto mais zelo quanto mais estão privados de sentimentos. Horácio (*Ars poetica* 431-432): "Como aqueles que choram em funeral, que dizem e fazem quase mais do que os que se condoem sinceramente na alma", enquanto a simples e rude verdade transcura os artifícios oratórios, chamando os figos de figos e a barca de barca. Ou será usado ainda contra os sacerdotes que pronunciam os próprios vaticínios com palavras ambíguas, a fim de que não possam ser depreendidos e escapem por alguma fenda; e enfim, contra aqueles que falam de maneira complicada, dissimulando a verdade. De fato, muitas vezes, com base nessa experiência, surpreende-se a falsidade, como no *Eunuco*, de Terêncio: "Celerada, continuas a falar de modo complicado comigo? Sei, não sei, foi-se, ouvi, eu não fui. Não queres me dizer abertamente do que se trata?"

XCIV [356]
ESCREVES NA ÁGUA

In acqua scribis. Ou seja, o que fazes a nada conduz ou de nada serve. Luciano, na peça *Tirano*: "Se brincas, Caronte, ou como dizem, escreves na água, quem mais espera o óbolo de Michillo?" Platão, no *Fedro* (276), diz: "Não escreverá zelosamente portanto tais coisas, semeando-as em água escura." Entre os modos de expressão grega, atesta-se o seguinte senário: "Escreve na água o juramento dos homens maus" (Ανδρών δέ φαύλων όρκον είς ύδωρ γράφε). Senarco distorce o adágio, conforme citado por Ateneu no décimo livro (*O Banquete dos Sábios* 441): "O juramento de uma mulher escrevo no vinho." Também Catulo assim o faz: "Aquilo que uma mulher diz a um amante apaixonado / é preciso escrevê-lo no vento e na água que escorre."

XCV [440]
UM SÓ HOMEM É HOMEM NENHUM

Unus vir nullus vir. Do grego Είς άνήρ ουδεις άνήρ. O sentido é que nada de grandioso pode estar assegurado por um só homem, sem algum auxílio. A isso se refere Eurípedes nos *Heráclidas* (274): "Ineficaz é a batalha de uma mão solitária", e ainda aquela passagem nas *Fenícias* (745): "um só homem não vê tudo." O adágio poderá adaptar-se a vários usos ou situações: a uma vida amarga, caso não haja alguém próximo, um amigo; ao juízo segundo o qual não se deve confiar em uma só pessoa, ou ao estudo das letras que sem um êmulo da mesma Musa, como se diz, é de todo frio; ou ainda a qualquer negócio que se desenvolva, o qual, sem o apoio de outrem não pode ser levado a bom termo. Zenodoto faz menção a esse adágio.

XCVI [446]
NADA CONFORME A LIRA

Ούδέν πρός τήν χορδήν, ou seja, *nihil ac chordam*. Emprega-se para aqueles cuja vida é veementemente diversa ou cujas maneiras discordam das palavras [usualmente ditas].

Luciano escreve em *Sobre a Dança* (*Saltus* 80): "nada conforme a lira, como dizem; de fato, o pé diz uma coisa e o ritmo, outra". O mesmo autor no *Diálogo das Meretrizes* (3,2): "o pé responde bem à lira". Afirma Plutarco no *Comentário Sobre a Vergonha* (*Moralia* 534): "não só por causa da discordância entre o pé e a lira, como dizia Platão, mas por causa da transgressão das leis e da justiça, as cidades em discórdia com as cidades e os amigos com os amigos fazem e sofrem as coisas mais extremas". Parece que Santo Agostinho tenha aludido ao provérbio em uma carta a Licencio (*Epístolas* 26,3): "ou se eu canto, tu, ao invés, danças em outra voz, e não sentes meu desprazer. O canto tem por si uma alegria própria, mesmo quando aquele para quem se canta, com perfeito ritmo e afeto, os membros não move".

XCVII [454]
ASSINALAR COM GIZ, ASSINALAR COM CARVÃO

Creta[70] *notare, carbone notare*. Nesta fórmula, "assinalar com giz" refere-se a "aprovar", e "assinalar com carvão" diz respeito a "condenar". Pitágoras afirmava que o que era de coloração branca pertencia à natureza do bem, e o que era de cor negra pertencia à natureza do mal, razão pela qual definimos "branco" como as coisas jubilosas e "negro" como as infames. Marco Túlio (Cícero), no processo em defesa de Cecina, diz, a propósito do testemunho de Sesto Clódio Formione: "não menos negro e impudente do que o Formião de Terêncio". E Horácio nas *Sátiras* (2,3,246): "os sãos serão

---

70 A tradução mais direta ou literal de *creta* seria greda, tipo de argila. Mas o giz é por vezes usado como sinônimo de greda, e é mais conhecido por sua utilização escolar.

assinalados com giz ou com carvão?" Imitando-o, escreve Pérsio na sátira quinta (107-108): "Das coisas a serem seguidas ou evitadas / assinalastes as primeiras com o giz e, depois, as outras com o carvão." Novamente Horácio, nas *Odes* (1,36,10): "Que num belo dia não falte um sinal cretense." Chama de "sinal cretense" a pedrinha branca com a qual os antigos costumavam marcar os dias faustos (embora haja quem aqui leia trácio em vez de cretense, pois conta-se que os trácios tinham esse costume). Também condiz com esta fórmula "assinalar com uma pérola", que muitas vezes, entre os autores, significa "contar entre as coisas felizes e afortunadas". Isso deriva do hábito dos antigos de marcar com pequenos seixos, inseridos em uma urna, cada dia do ano, sendo os brancos para os dias que julgavam afortunados, com uma pérola os extraordinariamente felizes e com os pretos os dias infaustos. Por isso diz Pérsio: "Este dia, Macrino, anotá-lo com a melhor pedra." Plínio [o Velho] se recorda desta superstição no capítulo quarenta do livro sétimo (*História Natural* 7, 131):

> a raça mortal, vaidosa e engenhosa em se enganar, conta à maneira do povo trácio, que coloca em uma urna seixos de cores diferentes, segundo a experiência de cada dia, e no dia da morte, os divide e os conta, assim pronunciando um juízo sobre cada um deles. Mas e o fato de que um dia louvado pela brancura da pedra possa conter a origem de um mal?

Até aqui, Plínio. Plutarco, na *Vida de Péricles* se refere a uma história que não contrasta com essas coisas. Em suas palavras: "Dividida toda a multidão em sete partes, tirava-se à sorte, e a quem coubesse a fava branca podia banquetear-se e ficar ocioso enquanto os outros combatiam. Portanto, dizem que aqueles que estavam em meio às alegrias chamavam aquele dia de 'branco', sem dúvida pela fava branca."[71]

---

[71] A ação se passa na guerra contra Samos. Na tradução de Yolanda e Cláudia Santos (São Paulo: Logos, 1960), a passagem encontra-se assim vertida: "dividiu os exércitos em oito partes, e mandou ▶

XCVIII [470]
O RISO DE MÉGARA[72]

Τέλως Μεγαρικός, ou seja, *Risus Megaricus*. É expresso com referência a quem brinca (ou graceja) intempestivamente e que algumas vezes prefere perder um amigo ao dito (coisa proibida por Quintiliano em *Das Instituições* 6,3,28); ou com referência àqueles cujas artes já se encontram desprezadas, obscurecidas pela sucessão de artistas de maior vulto. Não estará mal aplicado o provérbio aos velhos que seguem torpemente diversões obscenas de jovens. A comédia iônica vigorou durante um certo período, depois caiu no desprezo, ridicularizada pelos atenienses. Sobre o riso intempestivo difundiu-se esse senário: "o riso, fora de lugar, é um terrível mal".

XCIX [474]
SATISFAZER MOMO

Τω Μώμω ἀρέσκειν, ou seja, *Momo satisfare*. É uma hipérbole proverbial. Hesíodo, na *Teogonia* (213-214) faz menção a um certo Momo, nascido da Noite, por mãe, e do Sono, por parte de pai. Esse deus tinha o costume de não produzir obra alguma, mas sim o de contemplar com olhos curiosos as obras dos outros deuses, e se visse algo de carente ou de fato mau, repreendê-lo com a maior liberdade. Em grego, "momo" soa, efetivamente, como "crítica". Aristóteles, no

> ▷ tirar a sorte; aos que tiravam a fava branca, deixava-os em repouso e descanso, enquanto os outros combatiam. Conta-se ser essa a origem de chamarem dia branco àquele ao qual se regozijam, tomando desta fava branca tal denominação".

72 Cidade-estado próxima a Atenas, situada no golfo de Corinto, berço de Euclides, e cujos habitantes fundaram, entre outras cidades, Bizâncio, na atual Turquia.

terceiro livro d'*As Partes dos Animais* (663 a-b) recorda que Momo acusava a natureza de atribuir chifres aos bois em suas cabeças e não em seus ombros, para que pudessem investir com mais violência. Tudo indica que a essa história alude Luciano quando, no segundo livro de a *História Verdadeira*, escreve ter visto bois com chifres não sobre a cabeça, mas sob os olhos. E essa seria a percepção de Momo. Luciano dele ainda se recorda em outras passagens, mas no diálogo *Sobre a Doutrina* (20) cita a seu respeito uma história desse gênero: Minerva, Netuno e Vulcano fizeram uma competição entre si pela supremacia de sua arte, e para que cada um deles produzisse um exemplo notável, Netuno modelou um touro, Minerva projetou uma casa e Vulcano compôs um homem. Momo, escolhido como árbitro da competição e crítico de arte, e tendo examinado o trabalho de cada um, além das outras coisas que censurou nas obras dos outros, apontou acima de tudo, na confecção do homem, o fato de o artífice não ter acrescentado janelas ou pequenas portas em seu peito para que se pudesse ver o que estava escondido em seu coração, e que ele o tinha feito cavernoso e tortuoso por causa de seus muitos recessos. Platão também menciona essa fábula (*República* 6, 487). Filóstrato, em uma carta à sua mulher, escreve sobre Momo mais ou menos com essas sentenças: ele não encontrou nada para censurar em Vênus, exceto o fato de criticar sua sandália por ser estridente, muito rumorosa e assim incômoda pelo barulho. Se Vênus houvesse caminhado inteiramente nua, assim como emergiu do mar, Momo nada teria encontrado para reprovar. Embora este deus não seja tão bem aceito quanto os demais, já que poucos admitem de bom grado uma verdadeira reprovação, não sei se, em meio à grande multidão de deuses dos poetas, haja um mais útil, embora agora nosso Júpiter, tendo posto de lado Momo, escute apenas Euterpe, antepondo coisas agradáveis às coisas saudáveis. Este Momo fornece, pois, várias formas de adágios, seja quando Platão, no sexto livro da *República*, escreve que o estudo da filosofia é tal que não pode ser censurado nem mesmo por Momo, seja quando a Vênus de Luciano (*Dearum iudicium* 2), prestes a ir a julgamento, declara que não hesitará nem mesmo se Momo a julgar em pessoa, seja ainda quando Cícero escreve a Ático no quinto livro (*Epístolas*): "você muito me estimula e, mais importante ainda, assegura que eu também satisfaça o Momo lígure, e que eu morra se algo mais elegante puder ser feito". Assim, todas as fórmulas deste tipo terão uma aparência proverbial: "eu não hesitaria em competir com você, mesmo tendo Momo como juiz"; "a vida daquele homem é bastante isenta de culpa para que o próprio Momo possa repreendê-la"; "esse rosto nem mesmo Momo, em pessoa, poderia criticá-lo". Mantém relação com essa fórmula aquela passagem de Ovídio sobre a beleza de Adônis (*Metamorfoses* 10,515): "mesmo a inveja louvaria seu vulto".

C [501]
MESMO O HORTELÃO DIZ COISAS MUITO OPORTUNAS

Πολλάκι καί κηπωρός ἀνήρ μάλα καίριον εἶπεν, ou seja, *Etiam est holitor valde opportuna locutus*. Aulo Gélio, no segundo livro de suas *Noites Áticas*, capítulo sexto, testemunha que este versículo foi conhecido como provérbio. Ele nos exorta a não desdenhar uma opinião útil por causa da humildade de seu autor; de fato, por vezes ocorre que um homem de condição ínfima ou minimamente douto diga coisas em nada indignas de homens excelentes. A isso corresponde o que disse Cícero nas *Discussões Tusculanas* (3,56): "Muitas vezes a sapiência se encontra por baixo de vestes sórdidas." E também não difere do dito plautino nos *Prisioneiros* (165):

"Engenhos excepcionais por vezes se escondem na obscuridade." Ainda no que diz respeito ao provérbio grego, pensei em lembrar ao leitor que ele está definitivamente escrito desta forma em todos os registros de Gélio que vi até agora. Enquanto vagueio para cima e para baixo entre os autores gregos, em algumas miscelâneas sem nenhuma indicação do autor, mas ainda assim de tal forma que pareça com Estobeu[73] ou com seus extratos, encontro um verso deste tipo citado da tragédia de Ésquilo, intitulado *Frígios*: "Por vezes, um tolo começa a falar como um sábio."

CI [119]
A FRONTE PRECEDE A NUCA

Frons occipitio prior. Os antigos camponeses citam o adágio e o divulgam como um enigma. Com isso, queriam dizer que um assunto é melhor resolvido ali onde o protagonista esteja presente e o testemunhe. Diz-se "precede, ou antes", e entende-se "melhor, preferivelmente". Por outro lado, quem ignorava que a fronte fosse a parte anterior, e a nunca, a posterior? Esta anfibologia, porém, tem o mérito de uma certa graça formal, considerada como oráculo por sua antiguidade. Encontra-se em *Das Coisas do Campo*[74], de Catão, no capítulo quarto: "Se edificares bem, diz, ver-se-á com frequência e de bom grado que seu terreno será melhor e terá menos problemas, e obterás mais frutos se a fronte preceder a nuca." Também Plínio, quase com o mesmo sentido, no décimo-oitavo livro da *História Natural*, capítulo quinto: "Todavia, quem vive na comodidade

---

73 Ioannes Stobeos, ativo no século v, de origem greco-macedônica, autor de uma *Antologia* (*Anthologion*) contendo cerca de quinhentas citações de autores gregos.
74 Ou *Da Agricultura*. No original, *De re rustica*.

e vai com frequência ao campo, não mente ao dizer que a fronte do patrão é mais útil do que a nuca." Novamente, no capítulo sexto do mesmo livro (18,43): "E por isso nossos pais disseram que o mais fértil no campo é o olho do patrão." Aristóteles, no primeiro livro do *Econômico* (1345 a) parece referir essa frase a um persa, vinculando-a a outra semelhante, atribuída, por sua vez, a um africano. Mas será melhor transcrever as palavras: "E se aplica bem o ditado do persa e do africano; de fato, o primeiro, a quem indagaram que coisa mais engorda o cavalo, disse: 'o olho do patrão'; o africano, diferentemente, quando lhe foi perguntado qual fosse o melhor esterco, respondeu: 'os traços do patrão'." Ambos dando a entender que a presença do possuidor é o que há de mais importante para administrar corretamente os próprios bens. Da mesma maneira, Columela (1,1,18) acredita que o aluguel frequente da área fundiária é errado, mas pior ainda é o agricultor urbano que prefere ter escravos para cultivar do que fazê-lo por si mesmo. A isso se refere também aquela anedota trazida por Gélio (4,20,11): Um homem bem alimentado possuía um cavalo macilento e quando perguntado por que, respondeu que não era de se admirar se era mais carnudo do que seu cavalo, pois ele se alimentava por si, enquanto o cavalo era cuidado pelo servo. Também Terêncio, no *Eunuco* (600) acena para isso quando diz: "Assim acontece quando faltam os patrões", entendendo que em sua ausência os servos fazem tudo com menos diligência e estão mais livres para transgredir as normas; enfim, todos esses dizeres tendem a afirmar que cada um cuide bem de seus próprios afazeres e não confie demasiado na operosidade alheia.

Retrato de Erasmo de Roterdã, c. 1533,
por Hans Holbein, o Jovem.

COLEÇÃO ELOS

1. *Estrutura e Problemas da Obra Literária*, Anatol Rosenfeld.
2. *O Prazer do Texto*, Roland Barthes.
3. *Mistificações Literárias: "Os Protocolos dos Sábios de Sião"*, Anatol Rosenfeld.
4. *Poder, Sexo e Letras na República Velha*, Sergio Miceli.
5. *Do Grotesco e do Sublime*, Victor Hugo.
6. *Ruptura dos Gêneros na Literatura Latino-Americana*, Haroldo de Campos.
7. *Claude Lévi-Strauss ou o Novo Festim de Esopo*, Octavio Paz.
8. *Comércio e Relações Internacionais*, Celso Lafer.
9. *Guia Histórico da Literatura Hebraica*, J. Guinsburg.
10. *O Cenário no Avesso*, Sábato Magaldi.
11. *O Pequeno Exército Paulista*, Dalmo De Abreu Dallari.
12. *Projeções: Rússia/Brasil/Itália*, Boris Schnaiderman.
13. *Marcel Duchamp ou o Castelo da Pureza*, Octavio Paz.
14. *Mitos Amazônicos da Tartaruga*, Charles Frederik Hartt.
15. *Galut*, Itzack Baer.
16. *Lenin: Capitalismo de Estado e Burocracia*, Leôncio M. Rodrigues e Ottaviano de Fiore.
17. *Círculo Lingüístico de Praga*, J. Guinsburg (Org.).
18. *O Texto Estranho*, Lucrécia D'Aléssio Ferrara.
19. *O Desencantamento do Mundo*, Pierre Bourdieu.
20. *Teorias da Administração de Empresas*, Carlos Daniel Coradi.
21. *Duas Leituras Semióticas*, Eduardo Peñuela Cañizal.
22. *Em Busca das Linguagens Perdidas*, Anita Salmoni.
23. *A Linguagem de Beckett*, Célia Berrettini.
24. *Política e Jornalismo: Em Busca da Liberdade*, José Eduardo Faria.
25. *A Idéia do Teatro*, José Ortega y Gasset.
26. *Oswald Canibal*, Benedito Nunes.
27. *Mário de Andrade/Borges*, Emir R. Monegal.
28. *Poética e Estruturalismo em Israel*, Ziva Ben-Porat e Benjamin Hrushovski.
29. *A Prosa Vanguardista na Literatura Brasileira: Oswald de Andrade*, Kenneth D. Jackson.
30. *Estruturalismo: Russos x Franceses*, N. I. Balachóv.
31. *O Problema Ocupacional: Implicações Regionais e Urbanas*, Anita Kon.
32. *Relações Literárias e Culturais entre Rússia e Brasil*, Leonid A. Shur.
33. *Jornalismo e Participação*, José Eduardo Faria.
34. *A Arte Poética*, Nicolas Boileau-Déspreaux.

35. *O Romance Experimental e o Naturalismo no Teatro*, Émile Zola.
36. *Duas Farsas: O Embrião do Teatro de Molière*, Célia Berrettini.
37. *A Propósito da Literariedade*, Inês Oseki-Dépré.
38. *Ensaios sobre a Liberdade*, Celso Lafer.
39. *Leão Tolstói*, Máximo Gorki.
40. *Administração de Empresas: O Comportamento Humano*, Carlos Daniel Coradi.
41. *O Direito da Criança ao Respeito*, Janusz Korczak.
42. *O Mito*, K. K. Ruthven.
43. *O Direito Internacional no Pensamento Judaico*, Prosper Weill.
44. *Diário do Gueto*, Janusz Korczak.
45. *Educação, Teatro e Matemática Medievais*, Luiz Jean Lauand.
46. *Expressionismo*, R. S. Furness.
47. *O Xadrez na Idade Média*, Luiz Jean Lauand.
48. *A Dança do Sozinho*, Armindo Trevisan.
49. *O Schabat*, Abraham Joshua Heschel.
50. *O Homem no Universo*, Frithjof Schuon.
51. *Quatro Leituras Talmúdicas*, Emmanuel Levinas.
52. *Yossel Rakover Dirige-se a Deus*, Zvi Kolitz.
53. *Sobre a Construção do Sentido*, Ricardo Timm de Souza.
54. *Circularidade da Ilusão*, Affonso Ávila.
55. *A Paz Perpétua*, J. Guinsburg (org.).
56. *A "Batedora" de Lacan*, Maria Pierrakos.
57. *Quem Foi Janusz Korczak?*, Joseph Arnon.
58. *O Segredo Guardado: Maimônides – Averróis*, Ili Gorlizki.
59. *Vincent Van Gogh*, Jorge Coli.
60. *Brasileza*, Patrick Corneau.
61. *Nefelomancias: Ensaios sobre as Artes dos Romantismos*, Ricardo Marques de Azevedo.
62. *Os Nomes do Ódio*, Roberto Romano.
63. *Kafka: A Justiça, O Veredicto e a Colônia Penal*, Ricardo Timm de Souza.
64. *O Culto Moderno dos Monumentos: A Sua Essência e a Sua Origem*, Alois Riegl.
65. *Giorgio Strehler: A Cena Viva*, Myriam Tanant.
66. *A Força do Sentido*, Sergio Micelli.
67. *Novelas, Espelho Mágico da Vida: Quando a Realidade Se Confunde Com o Espetáculo*, Soleni Bicouto Fressato.
68. *101 Adágios*, Erasmo de Roterdã (org. e sel. de Newton Cunha)

Este livro foi impresso na cidade de São Bernardo do Campo,
nas oficinas da Paym Gráfica e Editora, em abril de 2024,
para a Editora Perspectiva.